北大版留学生本科汉语教材·语言技能系列

汉语高级听力教程

上册　课文
（第二版）

Chinese Advanced Listening Course

中国語上級ヒアリングテキスト

중국어 고급 청력 교정

幺书君　编著

图书在版编目(CIP)数据

汉语高级听力教程. 上册 / 幺书君编著. —2 版. —北京：北京大学出版社，2009.1

(北大版留学生本科汉语教材·语言技能系列)

ISBN 978-7-301-14512-8

Ⅰ. 汉… Ⅱ. 幺… Ⅲ. 汉语—听说教学—对外汉语教学—教材 Ⅳ. H195.4

中国版本图书馆 CIP 数据核字(2008)第 196928 号

书　　　名：	汉语高级听力教程（上册）
著作责任者：	幺书君　编著
责 任 编 辑：	贾鸿杰　sophiajia@yahoo.com.cn
标 准 书 号：	ISBN 978-7-301-14512-8/H·2139
出 版 发 行：	北京大学出版社
地　　　址：	北京市海淀区成府路 205 号　100871
网　　　址：	http://www.pup.cn
电　　　话：	邮购部 62752015　发行部 62750672　编辑部 62752028　出版部 62754962
电 子 邮 箱：	zpup@pup.pku.edu.cn
印　刷　者：	北京大学印刷厂
经　销　者：	新华书店
	787毫米×1092毫米　16 开本　19.25 印张　369 千字
	2009 年 1 月第 1 版　2018 年 9 月第 2 次印刷
定　　　价：	55.00 元(上册全 2 册，附 MP3 盘 1 张)

未经许可，不得以任何方式复制或抄袭本书之部分或全部内容。
版权所有，侵权必究　举报电话：010-62752024
　　　　　　　　　　　电子邮箱：fd@pup.pku.edu.cn

编写说明

新版《汉语高级听力教程》是在原《汉语高级听力教程》的基础上修订而成的。主要变动为:原教程只有一册,新版教程为二册;新版在体例及教学方式的设计上均有较大的改进。

一、适用对象

新版教程的教学对象是已具有中级汉语水平,掌握了或广泛涉及了汉语水平等级大纲中甲、乙、丙三级词汇的外国留学生。

二、教学目标

学完本教材的学生,除了能较好地提高日常交际中听的能力以外,也能较好地提高对专业性内容的听力理解能力,对增强高级 HSK 的应试能力亦会有所帮助。

三、编写原则

1. 新版教程内容广泛涉及社会生活的各个方面,力图"全景式"地反映当代中国的社会面貌。这是因为进入这一阶段学习的学生,听力水平已经可以接受较为广泛的内容。同时,了解最新的中国社会生活,也是绝大多数学生的意愿和要求。

2. 新版教程既考虑了与《汉语中级听力教程》的衔接,又考虑了高级阶段听力课的教学特点,体例上有所突破。

3. 采用"词语链接法"这一突出语素教学理念的听力训练方法训练听力,是在总结、完善课堂教学经验的基础上所做的新探索。

四、体例设计

新教程为上下两册,每册 15 课,每课为 4 学时(一周)的教学内容。每册书适合一学期使用,两册书可使用一学年。

上下册均有"课文"、"生词和练习"两个分册。每课由生词、词语链、短文、课文、练习构成,个别课有注释。

1. 生词

生词项所列为 HSK 词汇大纲中的丁级词及部分实用和必需的超纲词。

生词注释时,为便于学生从词汇的语素义理解整个词义,教材先对一些词汇中的语素或词语的意思做了注释,之后再解释整个词汇的意思。如"口诛笔伐"、"无独有偶"、"当务之急",目的是帮助学生通过对语素或词语意思的理解,进而理解整个词汇。

词汇注释后,括号中的词汇串是本词汇中某一语素可构成的其他词汇,选择进入词汇串的词汇时考虑了可理解性、常用性及学生水平。

2. 词语链

词语链中的词汇出自短文和课文,这些词不列入生词表,而是设计一个语境,让有关的词语出现在具体的语境中,以训练学生通过具体的语境解读和认知有关词语的能力。如"外出"、"人生"、"心中"、"好多"(丁级词)、"伟人"(超纲词)、"无趣"、"日日无休"(词典未收),特别是词典中未收的一些词语,出现在词语链中,用这种方法来训练学生根据语境及语素义理解特定词语含义的能力。

3. 短文

短文语料包括三种形式:较为规范的汉语、口语体特点突出的对话及真正的、自然的口语。前两种短文是教材编写者编写的,真正的、自然的口语内容选自电视节目中的谈话、采访节目。我们希望通过这部教材,使学生接触到语体风格不同的汉语。

4. 课文

新版教程保留了旧版教材中受欢迎的一部分课文,增加了一些能够反映当代中国社会风貌的新内容。编排中,除了考虑字数外,也考虑了难度因素。因此课文的编排顺序并不完全根据课文长短来决定。

此外,根据需要,编者还对个别课文做了注释,以便于学生正确理解课文,顺利完成习题。

5. 练习

练习题主要有两类:前面的练习通常是针对全文概括性的理解而设计的;后面的练习是针对课文听力方面的逐段训练而设计的。编者希望以此来体现教学的层次性。其中选字(/词)填空类练习是希望学生能根据语境选择正确的汉字。实践证明,这是一种训练留学生汉语听力理解的有效方式。

五、教学建议

1. 为便于教学,词语链中的短文将配录音,但在面对面授课时,教师可以不用录音,口述句子更有利于学生理解。

2. 词汇串的教学方式教师可以自行处理:其一,可以不作为教学内容,学生自己看,能接受多少就接受多少,教师和学生都不必把这一部分当成负担;其二,可以上课带读,让学生慢慢领悟——汉语有这样的特点;其三,可以把词汇串中的语素义和词汇义结合起来,适当加以讲解。做这方面引导时,可以要求学生不看书,不看词汇表,教师慢慢说,学生慢慢听,学生听时一定会很用心地跟着教师想,这样效果会更好。

3. 一些课的练习设计先选出课文的一段,希望学生能先把它听懂。这样的段落都是教学中难度较大的部分。

4. 个别课文生词很多,练习题较少(类似第十四课短文(二)中的情况),这样的语段,只希望学生在有生词的情况下,从有声语料中筛选出主要内容。

至于课堂操作中录音听几遍,可视学生的具体情况灵活掌握。

新版教程的编写充分吸收了中国人民大学对外语言文化学院历届留学生和有关教师的意见,学院的同事给了我很多有益的启发和帮助,在此一并致谢。

本教材编写做了某些大胆的尝试,希望有助于听力教材编写模式的改进,更希望通过本教材的使用,学习者不仅能更快更好地提高汉语听力理解能力,而且能够获得某些提高汉语听力能力的方法和技巧。

编 者

目录

第 一 课　有记忆生词的好办法？/1
　　词语链/1
　　听短文/3
　　课　文　有记忆生词的好办法？/5

第 二 课　关于隐私/9
　　词语链/9
　　听短文/13
　　课　文　关于隐私/16

第 三 课　生命的渴望/21
　　词语链/21
　　听短文/24
　　课　文　生命的渴望/26

第 四 课　中医和西医/30
　　词语链/30
　　听短文/33
　　课　文　中医和西医/35

第 五 课　年俗新风/40
　　词语链/40
　　听短文/43
　　课　文　年俗新风/45

第 六 课　关于幸福/49
　　词语链/49
　　听短文/52
　　课　文　关于幸福/54

第 七 课　来自NEET的调查报告/58
　　词语链/58
　　听短文/61
　　课　文　来自NEET的调查报告/64

第 八 课　你心中谁最重要？/68
　　词语链/68
　　听短文/70
　　课　文　你心中谁最重要？/72

第 九 课　唐太宗李世民/76
　　词语链/76
　　听短文/78
　　课　文　唐太宗李世民/81

第 十 课　明主与贤臣/85
　　词语链/85
　　听短文/87
　　课　文　明主与贤臣/89

第十一课　从"阴阳"说开去/93
　　词语链/93
　　听短文/96
　　课　文　从"阴阳"说开去/99

第十二课　"地球博士"/102
　　词语链/102
　　听短文/104
　　课　文　"地球博士"/106

第十三课　人口与粮食/110
　　词语链/110
　　听短文/113
　　课　文　人口与粮食/116

第十四课　拉　链/120
　　词语链/120
　　听短文/122
　　课　文　拉　链/125

第十五课　小人书大热门/129
　　词语链/129
　　听短文/131
　　课　文　小人书大热门/134

第一课 有记忆生词的好办法吗？

词语链

1. 币：(货币、钱币、造币厂、纸币、硬币、人民币、外币、真币、假币、纪念币)

   货币、钱币说的都是钱，"币"的意思也是"钱"，你听说过造币厂吗？你能猜出造币厂是干什么的吗？

   带"币"的词很多，我们常说的有纸币、硬币、人民币、外币、真币、假币、纪念币。

   回答问题：
   (1) 什么是"纸币"？什么是"硬币"？汉字分别怎么写？
   (2) 什么是"真币"？什么是"假币"？汉字怎么写？
   (3) 你还能说出带"币"的词吗？

2. 费：(费钱、费力、费时、费劲儿)

   男：我觉得中国的古人创造了很多世界之最，比如万里长城，西起嘉峪关，东到山海关，横贯整个中国；比如都江堰，两千多年前，在没有炸药，没有先进工具的情况下，开山引水，简直就是不可思议；还有京杭大运河，是从北京到杭州吧？全长1794公里，前前后后修了一千七百多年。唉，真不知道古人是怎么想的，这得花多少钱，多少人力，多少时间呀？

   女：这些工程是费钱、费力又费时，不过，古人要是不做这些事，今天我们也就没什么骄傲的本钱了，你说是不是？当然，我这是开玩笑了。古人做这些事自然有他的道理，比如都江堰，当时完全是出于战争需要，可修成以后却发现，更大的意义在于它是个优秀的水利工程，直到今天都在造福百姓；京杭大运河更是，经历了两千多年的风风雨雨，现在还承担着一些运输任务。应该说，古人费劲儿了，可我们今天受益了。

回答问题：
(1) 这段对话的主要内容是什么？
(2) 参考地图回答，长城"横贯中国"是什么意思？

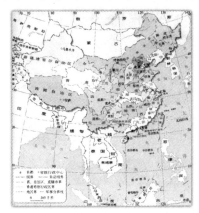

(3) 古人为什么修都江堰？都江堰有什么"不可思议"的？
(4) "京杭大运河"是从哪儿到哪儿？前后修了多长时间？
(5) "费时"是什么意思？是哪两个汉字？
(6) 录音中除了"费时"，还说了"费"什么？你还能说出带"费"的词吗？

3. 时

我们学过"时间"的"时"这个字，可以说"他走时，给我留下了一封信"，"这时，观众中传来了哭声"。但是，我们发现留学生常常说："我孩子时，不爱说话"，"我小学生时，是个不好的学生"。这两句话都是不对的。应该改成"我小的时候，不爱说话"，"我上小学的时候，是个不好的学生"。正确的句子还有：

那时，我们刚上大学。
工作时不能玩儿电脑游戏，这是起码的。
现在，年轻人结婚时会选择传统婚礼吗？

回答问题：
(1) 你能说出"时"的同义词是什么吗？
(2) "我孩子时，不爱说话"，"我小学生时，是个不好的学生"，这两句话是不对的，正确的句子应该怎么说？

4. 款：(大款、货款、罚款)
单：(罚款单、菜单、成绩单、名单、账单)
留学生：我知道中国人常说的"大款"就是有钱人，有钱为什么叫"大款"呀？

老　　师：“款”的意思就是"钱"，你如果做买卖，买货的钱可以叫"货款"，被罚了钱叫"罚款"，"罚"我们以前学过。

留学生：噢，我明白了，要是说"罚款200"就是"罚200块钱"。

老　　师：对。

留学生：我还听说过"罚款单"，"单"是什么呀？

老　　师：咱们到饭馆儿吃饭的时候，点菜以前，服务员会拿菜单给你，让你点菜吧？

留学生：对呀。

老　　师：你每个学期考试完了，记录你各门成绩的那张纸叫什么呀？

留学生：是成绩单吗？

老　　师：对。那你说还有什么"单"呀？

留学生：名单？账单？

老　　师：对呀！

回答问题：

(1) 录音中除了"大款"，还说了什么"款"？你还能说出带"款"的词吗？

(2) "菜单"、"罚款单"中的"单"是什么意思？你还能说出带"单"的词吗？

5. 酸甜苦辣

　　他有过成功，有过失败；经历过痛苦、失望，也得到过幸福、快乐，可以说，他尝尽了人生的酸甜苦辣。

回答问题：

录音中的"酸甜苦辣"是什么意思？

（一）

　　一大早，一位顾客选中了店中82元一件的夹克衫。当这位顾客拿出一张百元钞票时，营业员说没钱可找，问顾客有没有零钱，顾客说别的营业员也没钱找，他买别的东西时，已经把兜儿里的零钱都花光了。营业员只好到门口摊商那里把这100元换成零钱,找给顾客18元。顾客走后,摊商急急忙忙跑进来找营业员说:"这100元钱是假币。"营业员仔细一看,果然不假,于是从另一个柜台借了100元还给摊商。这时旁边一个人说:"这下可好,一天都得白干,一下子就赔了200块。"

根据录音内容选择正确答案:

1. 那位顾客为什么要用百元钞票买东西?
   A. 他没带零钱　　　　　B. 他没零钱了 √
   C. 他的钱被偷了　　　　D. 他只带了100元

2. 那位顾客的百元钞票到底是不是假的?
   A. 是 √　　　　　　　　B. 不是
   C. 不知道

3. 旁边人的话是什么意思?
   A. 评论 √　　　　　　　B. 称赞
   C. 埋怨　　　　　　　　D. 责备

(二)

另一个人认为根本没赔200,因为顾客付给100元假币后,营业员把它兑换成了100元的零钱,这100元是真的。这时营业员找给顾客18元,商店也得到了82元货款。摊商发现百元假币来找以后,营业员从另一柜台借了100元还给摊商。以后,这个营业员必须将实得的82元还给另一柜台,同时还得还上那位顾客拿走的18元。你说这位收了假币的营业员共赔了多少?

(根据顾实《这个商店赔了多少钱?》改写)

 **练 习**

根据录音内容选择正确答案：
收了假币的营业员到底赔了多少钱？
    A. 100 元 √   B. 200 元
    C. 118 元   D. 82 元

有记忆生词的好办法吗？

① 学习汉语的时候，记生词是一件费时费力的事情，到底有没有好办法能帮我们解决记忆生词的问题呢？回答是"有"。

我们从学习汉语的第一天开始，就学习词汇，有的词是一个字，有的词是两个字，也有三个字、四个字的。其实，汉语中，除了像"葡萄"、"垃圾"、"蜻蜓"这类情况，词汇中的每个字都有意思，很多情况下，这个字与其他字组合成词的时候，它的意思是稳定不变的，例如，"水"是我们很熟悉的一个字，可以组成"茶水、泪水、口水、开水、井水、矿泉水、自来水，水果、水库、水稻、水草、水鸟、水牛、水龙头、水灾"等等许多词。

可能有的词，猛一听不知道是什么意思，但是，当你仔细想一想，另外一个字很可能你在其他词汇中也学过，比如"水库"的"库"就是"仓库"的"库"；"水灾"的"灾"就是"灾害"的"灾"、"灾区"的"灾"、"灾难"的"灾"，这时候，你可能立刻就明白"水灾"是什么意思了。那么"风灾、雪灾、虫灾、火灾、天灾"，你也都懂了吧？

② 这需要我们在学习生词的时候弄清楚汉字的基本意思，看到或听到新词的时候，根据语言环境，充分发挥你的联想能力，也许那个新词并不能算是生词。比如，下面有四个句子，你不妨试一试：

"那年冬天真的很冷,零下20多度,滴水成冰。"

句子中的"滴水成冰"是什么意思?当然是形容天冷,冷得水滴在地上马上就变成冰了。那,汉字你也会写了吧?

再听下面三句:

"不会游泳就不要下水,多危险呀,差点儿没淹死吧,告诉你水火无情,你就是不信。"

"妈妈说,她小的时候在农村,家里差不多要储存一年的粮食,要不,碰上灾年怎么办?"

"同志,现在是红灯,你违反交通规则了,按规定罚200,这是罚单。"

③ 对于许多词汇,我们不应该只是记忆,更重要的是去理解它。因为我们常常碰到一些词是词典中没有的,比如:"春节这几天,飞机场真忙,净是举家出游的"。"举家出游"这个词,词典中肯定没有,但是你可能学过"举世闻名",知道其中的"举"是"全"的意思,"举世闻名"的意思是"全世界都知道,形容非常有名",那么你应该能够理解"举家出游"了。

当然,这个办法并不能解决所有汉语词汇的记忆和理解问题,有些词的意思并不等于两三个汉字意思的简单相加,比如"他不顾个人安危,跳入水中,救起了落水儿童",句子中的"安危"就是"危险"的意思;类似的还有我们熟悉的"忘记",就是"忘"的意思;而"酸甜苦辣"常常不表示味道,而是用作比喻。尽管如此,尽可能多地掌握字义,用推而广之的办法,还是能帮助我们解决不少问题。

因此,这本教材把课文中一些根据语言环境和字义能够理解的词汇设计成了听力练习,作为每一课的第一部分内容,希望大家试着在听力练习中解决这些词汇,这些词就不进入课文的生词表了。只要我们把学过的知识联系起来,一定能学会用中国人理解词汇的办法对付新词。

 练 习

一、听全文,回答问题:

1. 记忆生词有好办法吗?如果有,是什么?

2. 中国人掌握汉语的办法和留学生学习汉语的办法一样吗?如果不一样,差别在哪里?

二、根据第一段内容,选择正确答案:

1. "葡萄"这个词有什么特点?
 A. 这个词特别有趣 B. "萄"的意思是"葡萄"
 C. "葡"的意思是"葡萄" D. 两个字在一起才有意思 √

2. "茶水、口水"这样的词有什么特点?
 A. 都是非常科学的汉语词汇 B. 其中有一个字以前没学过
 C. 词义和每个字的意思有关 √ D. 听半天也不知道是什么词

3. 以下什么灾害最有可能不是天灾?
 A. 地震 B. 虫灾
 C. 风灾 D. 火灾 √

三、根据第二段内容,选词填空:

这需要我们在学习生词的时候弄清楚汉字的基本意思,看到或听到新词的时候,根据语言环境,充分发挥你的联想能力,也许那个新词并不能算是生词。比如,下面有四个句子,你不妨试一试:

"那年冬天真的很冷,零下20多度,(　　)水成冰。"

句子中的"dī水成冰"是什么意思?当然是形容天冷,冷得水dī在地上马上就变成冰了。那,汉字你也会写了吧?

再听下面三句:

"不会游泳就不要(　　)水,多危险呀,差点儿没淹死吧,告诉你(　　),你就是不信。"

"妈妈说,她小的时候在农村,家里差不多要储存一年的粮食,要不,碰上(　　)怎么办?"

"同志,现在是红灯,你违反交通规则了,按规定罚200,这是罚单。"

① A. 滴 √　　　　　B. 低　　　　　　C. 积
② A. 下 √　　　　　B. 吓　　　　　　C. 加
③ A. 谁说无情　　　B. 水火无穷　　　C. 水火无情 √
④ A. 灾年 √　　　　B. 财源　　　　　C. 减产

四、根据第三段内容,选择正确答案:

1. "举家出游"是什么意思?
   A. 家里有人外出旅游　　　B. 全家一起出外旅游 √
   C. 带上行李出门旅游　　　D. 家里的长辈出门旅游

2. "落水儿童"是什么意思?
   A. 不会游泳的孩子　　　　B. 掉进水里的孩子 √
   C. 跳进水里的孩子　　　　D. 喜欢玩儿水的孩子

3. "忘记"这个词有什么特点?
   A. 常常用在比喻句中　　　B. 词义等于字义相加
   C. 字义和词义没关系　　　D. 不能按字义推出词义 √

4. 中国人理解词汇的办法是什么?
   A. 重视每个汉字的意思 √　B. 记住每个汉字的写法
   C. 记住每个词汇的意思　　D. 重视词汇的比喻用法

5. 从字义和词义的关系讲,以下哪个词和其他三个词不同?
   A. 水牛　　　　　　　　　B. 风灾
   C. 安危 √　　　　　　　　D. 罚单

第二课 关于隐私

词语链

1. 禁区：

哎,别进,你看这儿写着呢:"更衣室",这儿是人家女同学换衣服的地方,对你我是禁区。

回答问题：

"禁区"是什么意思？是哪两个汉字？

2. 他人：

每个人的心里都会有自己的秘密。所谓秘密,当然就是不愿意公开,不愿意别人知道的事情。所以说,人的心理空间是一个禁区,这个禁区是不准他人进入的。

回答问题：

说出"他人"的同义词。"他人"是哪两个汉字？

3. 管闲事：

我们家老郭快60了,不抽烟,不喝酒,就是爱管闲事,几十年了,大大小小的闲事不知道管了多少。给我印象最深的是五年前的一个晚上,我正在做饭,就听见老郭在屋外喊:"老伴儿,老家来客人了。"我出门一看就愣了,眼前一对父女,衣服又旧又破,一脸愁苦。我想了半天也想不起来,这是什么亲戚呀？后来我才明白,这是老郭从大街上捡回来的。

原来,女孩的父亲在这里打工,家中有妻子、老母亲,还有两个上学的孩子。全家所有的开支都靠他每月几百块工资,可他所在的小工厂已经几个月没发工资了。他女儿坐了一天的车,来找父亲要生活费和学费,可他一分钱都拿不出来,父女二人愁得相对流泪。正巧老郭看到了,就说:"走,到我家去,你有困难,我帮。"

别看老郭岁数不小了,看见坏人坏事也非管上一管不可。老郭平时老跟我唠叨:"人活着光顾自己可不行!"我信他的话,也支持我们家老郭多管闲事。

回答问题:

(1) 用你的话说一说,老郭是个什么样的人?

(2) "管闲事"是什么意思?是哪几个汉字?

4. 私事:

男:你们公司有上班时间不许干私事的规定吗?

女:当然有了,上班时间就是不应该干个人的事。

回答问题:

说出"私事"的反义词。"私事"是哪两个汉字?

5. 无缘无故:

女:不知道什么原因,小王现在还没来,昨天晚上我还打电话,把集合的时间、地点又跟他说了一遍呢。

男:还需要原因吗?谁不知道他最爱迟到,无缘无故就迟到。

回答问题:

(1) 从对话我们知道什么?

(2) "无缘无故"是什么意思?是哪几个汉字?

6. 财物:

各位旅客请注意,请保护好您的随身财物,以免丢失。

回答问题:

录音提醒大家保护好什么?"财物"是哪两个汉字?

7. 身外之物:

老张夫妻两个收留了六个无家可归的孩子。这六个孩子不光念完了初中,还都学了门技术,老张夫妇也花光了家中所有的积蓄。有人问起他们,钱都花光了,将来你们自己怎么办?老张夫妇说,钱只是身外之物,挣了就是为了花的,将来的事再说,咱就是看不了孩子没人管,那是要耽误娃娃的一辈子啊!

回答问题:
(1) 这段话的主要内容是什么?
(2) 录音中的"身外之物"指什么?是哪几个汉字?
(3) 你认为"身外之物"还包括什么?

8. 非:(似信非信,并非如此)
   芳芳是我的好朋友,我们高中就是同班同学。芳芳长得漂亮,学习好,就是不爱说话。不少人看到她独来独往的样子,都说:"有什么了不起的,不就是长得漂亮,功课好吗,至于那么骄傲吗?"我怎么替芳芳解释,别人都是似信非信。后来,相处的时间长了,大家才感到事实并非如此,芳芳一点儿也不骄傲,只是性格内向而已。
   回答问题:
   (1) 芳芳有什么特点?
   (2) "似信非信"是什么意思?"并非如此"是什么意思?是哪几个汉字?

9. 出于:
   女儿:我知道你管我,批评我是出于好意,可也不能那么伤人自尊心呐!
   妈妈:对不起,我是说话不好听,下次妈妈一定注意。
   回答问题:
   (1) 从对话我们知道什么?
   (2) "你管我,批评我是出于好意"是什么意思?"出于"是哪两个汉字?
   (3) 你还能说出带"出于"的句子吗?

10. 唯有:
    去西藏考察大家都同意坐飞机去,因为这样可以节省时间,唯有他,坚持要坐火车,说这样可以欣赏一路的美丽风景。
    回答问题:
    (1) "唯有"是什么意思?
    (2) 你还能说出带"唯"的词吗?

11. 成家:
    三年前,姐姐结了婚,去年哥哥也成家了,现在家里只剩下我和父母了。

回答问题:
"成家"是什么意思?是哪两个汉字?

12. 金钱:
中国有句老话,叫做"有钱能使鬼推磨",意思是说,有了钱就没有做不到的事情。我却认为,金钱并不是万能的,钱能买到健康吗?钱能买到爱情吗?钱能买到友情吗?当然不能。
回答问题:
(1) 这段话的主要内容是什么?
(2) "金钱"是什么意思?是哪两个汉字?

13. 情感:
母亲嫁给父亲的时候,父亲一贫如洗。他们相亲相爱,共同创造了幸福美满的生活。父母的故事告诉我们,选择终身伴侣,情感比金钱更重要。
回答问题:
(1) 说出"情感"一词的近义词。"情感"是哪两个汉字?
(2) 父母结婚时,父亲经济状况怎么样?
(3) 录音中用什么词形容父亲穷?你认为是哪几个汉字?

14. 老一辈:
中国人变了,老一辈喜欢喝茶,喜欢四合院,喜欢几代人住在一起,享受大家庭的欢乐。现在的人接受了咖啡,喜欢二人世界,三人小家庭,喜欢和老人保持一段距离,还说这样大家都自由。
回答问题:
(1) 这段话的主要内容是什么?
(2) "老一辈"是什么意思?是哪几个汉字?

15. 一条心:
男:和一班比,咱们班身高是差了点儿,技术也不比他们强,可我想,只要咱们全班同学一条心,场上的好好儿打,场下的使劲儿加油,就有取胜的希望。
女:我不同意你说的,篮球比赛不比别的,身高、技术都是取胜的关键,咱们身高、技术都不强,光是团结管什么用啊。

回答问题:
(1) 这段对话的主要内容是什么?
(2) "一条心"是什么意思? 是哪几个汉字?

16. 或是:
    周末或是出去玩儿,或是和朋友聊聊天,喝喝茶,都不错。
    回答问题:
    说出"或是"的近义词。"或是"是哪两个汉字?

17. 违法:(违反)
    女:我让不让孩子读书是我们家的事,他学校凭什么把我告上法庭?
    男:你呀,是违法了。
    女:我违什么法了?
    男:你违反了《义务教育法》。你孩子刚初二,你是家长,不让孩子读书,却让他出去打工。你说,你难道没违法吗?
    回答问题:
    (1) 这段对话的主要内容是什么?
    (2) "违法"是什么意思? 是哪两个汉字?
    (3) 录音中除了"违法",还说了"违"什么? 你还能说出带"违"的词吗?

(一)

心理学家认为:人不仅有自己的生活空间,还有自己的心理空间。心理空间的显著特点是排他性,也就是说,心理空间是个禁区,不准他人进入。

可现实生活中总有一些人爱闯入他人的心理空间,从心理学角度讲,这种人有爱管闲事的癖好,在把别人的事弄个水落石出和传播别人私事的过程中,能得到一种精神上的愉悦和满足。

其实每一个独立的人,都有自己的思想、感情和爱好,并有权保有自己的隐私。当你无缘无故地闯入他人空间的时侯,别人对你比对一个来偷窃财物的窃贼还憎恶。因为财物只是身外之物,不存在对他人人格的侮辱问题,而情感的秘密、个人的隐私是属于心理所有,关系到对别人人格的尊重。

可见,尊重一个人的隐私和心理空间是尊重他人的起码条件。反过来,你尊重别人,别人才会格外尊重你。

(根据宋国林文章改写)

根据录音内容选择正确答案:

1. 心理空间的特点是什么?
   A. 能吸引别人　　　　　　B. 有其独特性
   C. 是身外之物　　　　　　D. 不许他人进入 √

2. 什么人喜欢闯入他人的心理空间?
   A. 管别人闲事的人 √　　　B. 爱好广泛的人
   C. 精神不健康的人　　　　D. 对事情认真的人

3. 当一个人闯入别人的心理空间时,别人怎样看他?
   A. 把他当小偷　　　　　　B. 觉得无所谓
   C. 侮辱、讨厌他　　　　　D. 讨厌、痛恨他 √

4. 闯入别人心理空间属于什么问题?
   A. 不尊重人 √　　　　　　B. 偷窃财物
   C. 心理有问题　　　　　　D. 爱好很特殊

（二）

父　亲：这回你高兴了吧？

女　儿：瞧您说的,我有那么恶吗？人家高考落榜,我就那么高兴？

父　亲：都是你整天"没戏、没戏"念叨的。

女　儿：我是看她考试之前心太浮,离高考还有俩月呢,就没心思念书了。

父　亲：我还以为当初你叔叔说你,你恨上人家了,这会儿就希望人家闺女考不上呢。

女　儿：哪儿呀！我知道当初叔叔骂我也是为我好,您也一样,不都是恨铁不成钢吗？

父　亲：那你说,这回明明怎么办呀？

女　儿：要我说,生活的路宽着呢,这次没考上大学也没什么大不了的,干吗非得一棵树上吊死呀？不过,随着国家的发展,不多学点儿文化是没什么出路。干脆,这事儿以后再慢慢从长计议,当务之急是先安慰安慰明明。

父　亲：行,听你的。

根据录音内容选择正确答案：

1. 女儿和叔叔之间曾发生过什么事？
   A. 叔叔批评过女儿 ✓   B. 叔叔不喜欢女儿
   C. 叔叔不让女儿唱戏   D. 女儿不满意叔叔

2. 明明怎么了？
   A. 天天挨骂   B. 不能唱戏了
   C. 不想活着了   D. 没考上大学 ✓

3. 明明是谁?
   A. 叔叔的女儿 √   B. 女儿的同事
   C. 爸爸的妹妹   D. 朋友的孩子

4. 女儿认为眼下应该做什么?
   A. 看明明怎么想   B. 安慰安慰明明 √
   C. 为明明做个计划 D. 为明明找个工作

关于隐私

① 以前有人觉得中国人没什么隐私观念,像年龄多大、工资多少、去干什么,每天都可以若干次告诉若干不相干的人。后来发现并非如此。"出门啊?""啊",简单地一问一答,回答的可以不认真,问的也可以不管你说的是不是真话,因为没人真想知道你去干吗,对话仅仅是出于礼貌,和隐私没什么关系。

年龄多大向来不是任何年龄的人都愿意跟人说实话,十几岁的小姑娘告诉人年龄没关系,因为她还小;五六十岁的说年龄也不在乎,都这么一把年纪了,还怕什么?七八十岁说年龄就更没什么了,别人肯定会跟上一句:"呀,不像!"听着心里就舒服;唯有该成家了,却还没着落的人,那年龄八成保密。对了,还有年近百岁或是年过百岁的老人,你问年龄回答老是九十几,有人奇怪:"是不是老糊涂了,怎么去年多大今年还多大呀?"其实,这是人家的隐私,也是百岁老人的忌讳。

② 夫妻之间是否应该有隐私?年龄不同,观点也不一样。大家认为夫妻之间的隐私大致包括三个方面:一是金钱,二是情感天地,三是心理世界。老一辈更倾向于隐私具体地体现在经济方面。各自的收入完全公开,就表示两个人一条心,没有隐私。而且,既然

已经"以心相许"了,就不应该再有隐私。

③ 而现在的年轻人关心更多的却是情感天地和心理世界。为数不少的人认为,要想完全占有和透彻地知晓对方的全部情感和心理,甚至他的情感历史,几乎是没有必要,也是不可能的。因此,允许对方在情感方面、心理方面留有一点儿自己暂时的或是长久不对外开放的"自留地",是合乎时代特征的,也会减少许多麻烦,甚至会减少对对方的伤害,避免一些误会。因为世间本来有些事越说就越说不清,越描就越黑。那么,就不如暂且把它封存在心里,这样做恰恰是为了增进夫妻之间的感情。

④ 对于年轻人的隐私观,有关专家颇为担心,认为保留隐私应该有前提,两个极端是不可取的。一是以保护隐私为借口,隐瞒不道德,甚至违法的行为,一旦东窗事发,给对方造成的伤害就是无法弥补的了。另一个极端就是有的人以不应存在隐私为说辞,去满足自己强烈的占有欲,要完全控制对方,使对方没有丝毫自己的活动天地和任何的空间。这样,人就会感觉活得很紧张,很累。事实上也是,你越想占有就越占有不了,越想控制也越控制不了对方。

也许夫妻之间的关系如同磁铁,中间留有一定的空隙,其间的吸引力才能恰到好处地体现出来,过近过远都不行。

一、听全文,回答问题:

1. 中国人到底有没有隐私观念?

2. 对夫妻之间是否应有隐私,中国人是怎么看的?

二、根据第一段内容,选择正确答案:
1. 关于中国人见面打招呼,以下哪句话正确?
   A. 问的人都不认真   B. 回答的人得认真
   C. 回答越简单越好   D. 双方都是出于礼貌 ✓

2. 多少岁的人有可能不愿意说自己的年龄?
   A. 十五六岁   B. 三十岁左右 ✓
   C. 五六十岁   D. 七八十岁

3. "对了,还有年近百岁或是年过百岁的老人"中的"对了"是什么意思?
   A. 前面的话说对了   B. 只有后面的话对
   C. 前面的话说错了   D. 又有了想说的话 ✓

4. 百岁老人回答年龄问题时有什么特点?
   A. 弄不准年龄   B. 算不清岁数
   C. 故意不说100岁 ✓   D. 记不住年龄

三、根据第一段内容,回答问题:
1. 中国人见面问"出门啊"、"吃饭了吗"到底是什么目的?

2. 十几岁的小姑娘不怕别人问年龄的原因是什么?

3. 七八十岁的人为什么不怕别人问年龄?

4. 三十岁左右的什么人有可能不愿说年龄?

5. "百岁老人"指多少岁的老人?

四、根据第二、三段内容,选择正确答案:
1. 老一辈认为夫妻间的隐私具体体现为什么?
   A. 经济方面 ✓   B. 情感方面
   C. 对方的经历   D. 对方的麻烦

2. 老一辈认为收入公开表示什么？
   A. 收入稳定　　　　　　B. 没有隐私 ✓
   C. 互相了解　　　　　　D. 以心相许

3. 年轻人认为隐私更多地体现在哪一方面？
   A. 心理变化　　　　　　B. 经济状况
   C. 感情和心理 ✓　　　　D. 情感的历史

4. 年轻人对夫妻间情感问题较普遍的看法是什么？
   A. 允许有隐私 ✓　　　　B. 不怕找麻烦
   C. 误会很难免　　　　　D. 有时说不清

5. 年轻人认为，允许隐私存在的好处是什么？
   A. 非常时髦　　　　　　B. 避免误会 ✓
   C. 不会伤害自己　　　　D. 说不清的事不说

五、根据第四段内容，判断正误：
   1. 专家认为保留隐私应该有限度，不可以走极端。　　　　（✓）
   2. 专家认为保护隐私只是借口，实际上隐私都不符合道德标准。（✗）
   3. 任何违法行为败露后都会给别人造成巨大的经济损失。　（✗）
   4. 具有强烈占有欲的表现是不许别人有隐私。　　　　　　（✓）
   5. 要想活得不紧张不累，就得有隐私。　　　　　　　　　（✗）
   6. 实际上，任何人都占有、控制不了对方。　　　　　　　（✓）

六、根据第四段内容，回答问题：
   1. 专家的观点是什么？

   2. 什么样的事不能以保护隐私为借口不告诉对方？为什么？

   3. 有强烈占有欲的人会怎样？

   4. 夫妻间的关系什么状态是最好的？

七、听录音,选词填空:

1. 五六十岁的说年龄也不在乎,都这么(　　)年纪了,还怕什么?
　　A. 起码　　　　　B. 一大把 ✓　　　　C. 一把

2. 唯有该成家了,却还没着落的人,那年龄八成(　　)。
　　A. 保密 ✓　　　　B. 饱密　　　　　　C. 跑迷

3. 大家认为夫妻之间的隐私大致包括三个方面:一是金钱,二是情感天地,三是(　　)世界。
　　A. 心里　　　　　B. 经历　　　　　　C. 心理 ✓

4. (　　)不少的人认为,要想完全占有和透彻地知晓对方的全部情感和心理,甚至他的情感的历史,几乎是没有必要,也是不可能的。
　　A. 为数 ✓　　　　B. 回数　　　　　　C. 会使

第三课　生命的渴望

词语链

1. 年龄：(工龄)

    爸妈那一代人经历了中国的特殊年代,他们16岁就到农村当了农民,后来回了城,到了工厂,后来又上学,毕业后到报社当了记者。如今,他们到了退休的年龄,工龄就有44年。可是我发现,他们那一代人最大的特点就是干什么就热爱什么。

    回答问题：
    (1) 这段话的主要内容是什么？
    (2) "工龄"是什么意思？是哪两个汉字？
    (3) 录音中的爸妈都干过什么？

2. 国有企业：(合资企业,外企,私企)　　一分为二：

    爸爸妈妈原来在同一个国有企业工作,后来他们的工厂一分为二,一半还是国企,一半变为了合资企业,爸爸还在国企,妈妈却到了合资企业。我先生大学毕业后进了家外企,我呢,一直有个梦想,就是自己创办一家小私企。

    回答问题：
    (1) 他们一家人都在什么单位工作？
    (2) 说话人的梦想是什么？
    (3) "一分为二"是什么意思？是哪几个汉字？
    (4) "国企"、"外企"、"私企"是什么意思？

3. 男士：(女士)

    男：汉语里说男人女人,有好几组词呐？
    女：对呀,除了男人女人,还有男士 女士,男子女子,男的女的,男性女性。

男：最近还有人爱用男生女生。
女：男生女生这词其实早就有,学校里用的多,意思是男学生女学生嘛。最近我也注意到一些显然不是学生,或者说比学生年长的人,也"我们女生,我们女生"地说,感觉上总觉得有点那个。
男：我也觉得有点儿奇怪。
回答问题：
(1) 录音中表示男女的词你能说出几组？
(2) 在你身边的中国人中调查一下,他们认为这几组词有区别吗？

4. 房地产：(房地产业,房地产开发商,房地产开发)
 富翁：(百万富翁,千万富翁,亿万富翁)
 房地产这个行业在中国的历史不长,中国很多年都是分配房子,当然也就没有房地产业,也就没有房地产开发商,也就没有通过房地产开发而成为富翁的人,当然更没有百万富翁、千万富翁,甚至亿万富翁。
 记得1992年,我们还是分配房子的时候,有一次我在日本坐地铁,一抬头,看到车厢里挂着的都是房子广告,觉得非常新奇,没想到如今,打开报纸,也是厚厚一摞的房地产广告了。
回答问题：
(1) 这段话的主要内容是什么？
(2) 用自己的话说一说,什么是房地产业？
(3) 用自己的话说一说,什么是房地产开发商？
(4) "富翁"是什么意思？录音中还提到了什么"富翁"？

5. 疲惫：
 我们的公司是十年前成立的。那一年我们的女儿刚刚半岁,我在家里带孩子,公司的事一点儿也帮不上忙,天天看着丈夫早出晚归,为公司的事忙得晕头转向,我心里特别着急,可也只能在丈夫拖着疲惫的身子归来时,给他倒上杯热茶,准备好可口的饭菜,做些精神上的安慰和鼓励。
回答问题：
(1) 这段话的主要内容是什么？
(2) 说出"疲惫"的近义词。
(3) 录音中是怎样形容丈夫忙的？你还知道形容忙的其他表达方式吗？

6. 菜摊：(水果摊,摊主)

  我喜欢到自由市场去买菜,那里的菜摊、水果摊一个挨着一个,蔬菜新鲜,价格也不贵。去的次数多了,顾客和摊主就成了熟人,大家亲切地打招呼,有时还会聊上几句家常。

回答问题：
(1) 用自己的话说一说,什么是"菜摊"？
(2) 你还能说出带"摊"的词吗？
(3) "摊主"是什么意思？

7. 常人： 享福：

  那里的美是常人无法想象的,湖水洁净无比,你能清楚地看到水中游动的每一条鱼;天空是深蓝色的,远处的雪山庄严、雄伟。我在湖边住了一个星期。这个假期呀,真是享福啦！

回答问题：
(1) 这段话的主要内容是什么？
(2) "常人"是什么意思？是哪两个汉字？
(3) 说出"享福"的近义词。

8. 傻气：(傻里傻气,怪里怪气,土里土气,小里小气)

留学生：汉语里有一种非常有意思的词。

老　　师：说说看,什么词？

留学生：比如说"傻气",人们还常说"傻里傻气"。

老　　师：这有什么特殊的？

留学生：你没注意到吗,这种词有一个固定格式。

老　　师：再举俩例子？

留学生：比如怪里怪气、土里土气、小里小气。

老　　师：你说得对,这些词其实都带有贬义。

回答问题：
(1) 说出"傻里傻气"这类词的格式。
(2) 你还能说出符合"A 里 A 气"格式的词吗？
(3) "怪里怪气、土里土气、小里小气"分别是什么意思？

（一）

哈宝禄已经有35年工龄,夫妻俩在同一个单位工作,大儿子哈军在银行工作,小儿子哈斌在与父亲相隔百步的北京吉普汽车有限公司。十几年前,哈斌所在的公司和父亲所在的单位都属于北京汽车厂。1984年1月,这个厂被一分为二,北厂变成了今天的国有企业——北京汽车摩托车有限公司,南厂变成了现在的合资企业——北京吉普汽车有限公司。……今天,当哈宝禄老两口向我们提起哈斌孝敬他们的一对戒指时,脸上始终挂满了笑容。

(选自中央电视台"生活"节目)

一、根据录音内容把A、B填在下面的方格中,说明哈斌和父亲所在的工厂发生了怎样的变化。
　　A 北京汽车摩托车有限公司　　　B 北京吉普汽车有限公司

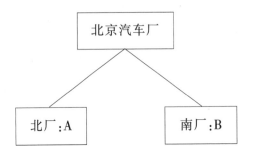

二、根据录音内容选择正确答案：

1. 现在哈宝禄家在同一个单位工作的是谁？
   - A. 哈宝禄夫妇 √
   - B. 哈宝禄和儿子
   - C. 哈宝禄妻子和儿子
   - D. 哈宝禄夫妇和小儿子

2. 哈宝禄老两口为什么高兴？
   - A. 他们的儿子要结婚
   - B. 小儿子进了合资企业
   - C. 大儿子找到了好工作
   - D. 儿子送他们一对戒指 √

（二）

记者：哈宝禄每月收入3900多元，而在南厂工作的哈斌每月收入4600元，比工作多年的父亲高出700元左右，在银行工作的哈军每月收入5000多元，也超过父亲的收入。对于哈宝禄来说，儿子挣得多自然可以补贴家用，但是他的内心仍然难以平衡。不仅哈宝禄如此，许多人也有同样的感受。

男甲：(那个)很多人，原来跟我一起工作的，(是吧，)甚至是我的徒弟。他们现在跟那边都担任不同的岗位的一些工作，(是吧，)现在他们收入都(超过，)超过我很多去。

女：我觉得，(怎么说呢，我觉得)反正挺不平衡的，因为付出的可以说是差不多，我觉得，(哈，就说)可能有行业之间的(那个)差距吧，(反正)我觉得付出的也很多。

男乙：行业之间分配不公，实际上(这个东西是)，国家政策应该是对产业工人，对国有企业适当地采取一些倾斜政策。

(选自中央电视台"生活"节目)

根据录音内容选择正确答案:

1. 哈宝禄每月收入多少钱?
   - A. 4600 元
   - B. 5000 多元
   - C. 700 元左右
   - D. 3900 多元 √

2. 对于收入差距,人们心中不平衡的原因是什么?
   - A. 徒弟们的技术不行
   - B. 行业之间分配不公 √
   - C. 对国有企业照顾太多
   - D. 年轻人工资应该少

生命的渴望

① 我有幸在夏威夷海滩上结识了一位地道的北京姑娘。她先是在北京的外企工作,后来到了美国,而后嫁给了一个美国人。于是他俩就在夏威夷安下了家。她的丈夫温文尔雅,绝对是西方男士中那种崇尚礼仪,而又柔情似水的丈夫。小伙子不会中文,当我们同他妻子交谈时,他像个大男孩儿似的,用眼光探寻着我们在说什么,仿佛生怕我们夺走了他的爱。他认为妻子又聪明又能吃苦,是位特别优秀的女人。他们的家在夏威夷最美的住宅区,日子过得殷实而富有。

② 生活似乎过于偏爱这位姑娘,她还缺什么呢?然而,她的眉宇间却没有半点儿满足,显现的全都是对事业的投入。电脑热时,她曾热血沸腾地做过电脑生意;房地产热时,她也曾满腔热情地投入其中。她每天都在奔波,日常吃的是汉堡包和方便面,以致脸上出现了不该有的疲惫的暗色和松弛。

③ 我三天两头儿就要到我家附近的一个菜摊去买菜。摊主是位憨厚的中年人,他常忙得头上淌着汗,手上沾着泥巴,而他的身边总是坐着一位白白胖胖、老冲你笑的女人,在那儿吃着萝卜,啃着黄瓜。这是他那个比常人多了几分傻气的老婆。然而,任凭丈夫忙得四脚朝天,妻子却从不帮把手。那丈夫也从没冲老婆发过火,仿佛妻子坐在那儿,就是他最大的满足。有时我忍不住逗上那妻子两句:"你就会坐这儿享福啊。"她会傻里傻气地仰起脸,望着她家男人,那忙得热气腾腾的丈夫会疼爱地拍一下她的脸,哄孩子般地说:"吃吧,啊。"

④ 生命的本质是什么?生命的渴望是什么?每当我向自己提出这个问题时,脑子里就不禁会浮动起那个被人们讲滥了的故事:一个富有的旅游者,看见一个贫穷的渔夫也悠闲地在举世闻名的海滩上晒太阳,感到不可思议,就忍不住问他:"你为什么不去工作呢?"渔夫说:"我今天已经工作完了,打上来的鱼够我一天用了。""那你可以多打一些,多赚点儿钱啊。"富翁无限惋惜。渔夫却问:"要那么多钱干什么?"富翁说:"可以买更多的船,打更多的鱼,再以后可以有自己的船队,然后建立远洋航运公司,最后当上百万富翁。"渔夫问:"当了百万富翁又怎样?""那你就可以什么都不干了,躺在这世界最著名的海滩上晒太阳。"渔夫哈哈大笑:"我现在不是已经在这里晒太阳了吗?"

(根据韩春旭《穷人·富人》改写)

 练 习

一、听全文,回答问题:

1. 这篇课文一共讲了几个故事?

2. 给你印象最深的是哪个故事?你能大致讲一下吗?

二、根据第一、二段内容,判断正误:

1. 认识了这位北京姑娘,我感到很幸福。 (✗)
2. 北京姑娘的丈夫很文雅。 (✓)
3. 丈夫认为妻子聪明,不怕苦,非常优秀。 (✓)
4. 他们的日子很富有。 (✓)
5. 北京姑娘的命运很好。 (✓)
6. 好运气都降临到北京姑娘头上了。 (✓)
7. 北京姑娘做过电脑生意。 (✓)
8. 北京姑娘喜欢盖房子。 (✗)
9. 北京姑娘每天都吃汉堡包和方便面。 (✗)
10. 北京姑娘过早地衰老了。 (✓)

三、根据第一、二段内容,选择正确答案:

1. 关于小伙子,以下哪句话正确?
   A. 想看懂我们在说什么 ✓   B. 怕我们伤害他的妻子
   C. 也想加入我们的谈话   D. 像孩子一样充满好奇

2. "他是那种柔情似水的丈夫"是什么意思?
   A. 他重感情   B. 他很听话
   C. 他会游泳   D. 他很温柔 ✓

3. "电脑热时,她曾热血沸腾地做过电脑生意"中的"热血沸腾"是什么意思?
   A. 非常努力   B. 糊里糊涂
   C. 充满热情 ✓   D. 拼出性命

4. 北京姑娘苦苦追求的是什么?
   A. 收入的增加   B. 工作的乐趣 ✓
   C. 让丈夫高兴   D. 生活的偏爱

四、根据第三段内容,判断正误:

1. 作者每三天去买两次菜。 (✗)
2. 摊主是位天真又有点傻气的中年人。 (✗)

3. 摊主很忙,妻子却很悠闲。　　　　　　　　　　　　　　(√)
4. 摊主身边的妻子总冲丈夫笑。　　　　　　　　　　　　(×)
5. 摊主怎么忙,妻子也不帮。　　　　　　　　　　　　　(√)
6. 摊主的妻子确实有点儿傻。　　　　　　　　　　　　　(√)
7. 这对贫贱夫妻的生活中并不缺少爱。　　　　　　　　　(√)

五、根据第四段内容,回答问题:

1. 试着讲一讲渔夫和富翁的故事。

2. 你渴望的是什么样的生活?

六、听录音,选词填空:

1. 我有幸在夏威夷海滩上结识了一位(　　)的北京姑娘。
  A. 地道 √　　　　B. 的道　　　　C. 奇妙

2. 她的眉宇间却没有半点儿满足,显现的全都是对(　　)的投入。
  A. 事业 √　　　　B. 实业　　　　C. 失业

3. 她每天都在奔波,日常吃的是汉堡包和方便面,(　　)脸上出现了不该有的疲惫的暗色和松弛。
  A. 一直　　　　　B. 于是　　　　C. 以致 √

4. 我三天两头儿就要到我家附近的一个菜摊去买菜。摊主是位憨厚的中年人,他常忙得头上淌着汗,手上(　　)泥巴,而他的身边总是坐着一位白白胖胖、老冲你笑的女人,在那儿吃着萝卜,啃着黄瓜。这是他那个比(　　)多了几分傻气的老婆。
  ① A. 沾着 √　　　B. 站着　　　　C. 看着
  ② A. 长人　　　　B. 常人 √　　　C. 旁人

第四课　中医和西医

词语链

1. 牙：(牙疼,牙石,牙医)　手指头：　中医：(西医,中西医结合)　确诊：
   男：说起中国人看病,讲究还是挺多的。
   女：不就是牙疼了,长了牙石看牙医,感冒了去医院嘛!
   男：我们家有个头疼脑热的,还真不去医院,在药店买点儿药,基本上就解决问题了。
   女：那看病讲究在哪儿呀?
   男：比如说,摔断了腿,咱们叫骨折了。
   女：那就去全国最好的骨科医院,手指头断了都能接上。
   男：不一定。在中国,除了西医骨科,还有中医传统治疗方法,那不叫骨科,叫正骨。
   女：这你说得对,中医正骨我一直觉得不错。听说现在还有了中西医结合的正骨,医生会给你拍 X 光片什么的,这样更有利于确诊,然后用中医的方法治疗。

   回答问题：
   (1) 这段对话的主要内容是什么?
   (2) 录音中除了"牙疼",还说了"牙"什么?
   (3) "头疼脑热"是什么意思?
   (4) 西医的"骨科"中医叫什么?
   (5) 中西医结合的正骨怎么看病? 中西医结合有什么好处?

2. 家：(厂家,商家)　改行：
   女：我经常看见商店里挂一牌子,写着"厂家直销",东西也会便宜一些,什么是"厂家直销"呀?
   男：就是生产东西的厂,自己直接卖自己的产品。东西当然会便宜,因为中间少了商家。我们平常买东西都是商家进货,再卖给我们,商家的经营也有成本,他也要赚钱,这就是"厂家直销"便宜的道理。

女:"厂家直销"既然这么好,以后都改成厂家直销,让商家都改行得了。

男:那也不可能,厂家只能卖自己生产的东西,花色品种就少,只有商家才有能力把各个地方的产品集中在一个店里,我们才有挑选的可能。

回答问题:

(1) 这段对话的主要内容是什么?
(2) "厂家直销"是什么意思?"厂家"、"商家"是什么意思?
(3) "改行"是什么意思?是哪两个汉字?

3. 保健: 大多: 含有: 防病: 功效:

父亲喝茶的习惯与众不同,一年当中喝什么茶因季节而变化,冬天喝乌龙,春秋喝花茶,夏天喝龙井。现在的人讲究保健,大多喝绿茶,据说绿茶中含有抗癌物质,也就是说,现在的人选择什么茶不仅仅是出于爱好,还希望茶具有防病的功效。

回答问题:

(1) 父亲和其他人喝茶有什么不同?
(2) "现在的人大多喝绿茶"中的"大多"是什么意思?是哪两个汉字?
(3) 人们选择绿茶的原因是什么?说出"含有"的同义词。"含有"是哪两个汉字?

4. 突发:(突遇) 求生:

近几年,探险旅游的游客越来越多了,值得告诫大家的是,探险旅游前必须做好各种应对突发事件的准备。现在很多人还没有这方面的知识和意识,突遇危险,就会变得手忙脚乱,不知道如何求生。

回答问题:

(1) 这段话的主要内容是什么?
(2) "突发事件"是什么意思?"突发"是哪两个汉字?
(3) "突遇危险"是什么意思?"突遇"是哪两个汉字?
(4) "求生"是什么意思?是哪两个汉字?

5. 流失:

留学生:"流失"是哪两个字呀?

老　师：“流水”的"流"，"失去"的"失"、"丢失"的"失"。

留学生：这个词用的地方挺多的哈。

老　师：对呀，比如"人才流失"。现在好多公司，最怕的就是人才流失，有些年轻人就爱跳槽，人才流失的事也就多了。

留学生：可以说"营养流失"吗？听说炒青菜的时候，时间不能太长，时间长了，营养就没了。

老　师：可以。还有，人受伤后血液流失过多也会导致死亡。

留学生：如果我们把树砍光了，就会导致水土流失？

老　师：对。

回答问题：

录音中除了"水土流失"还说了什么"流失"？"流失"怎么写？

6. 白血球：(红血球)

血液中有白血球、红血球等多种不同成分，它们各有各的任务。白血球的主要任务是消灭病菌，中和细菌分泌的毒素等等。白血球也叫白细胞。

回答问题：

白血球有什么用？

7. 前往：

男：我下星期前往日本旅行。

女：你这话听着怎么这么别扭呀！

男：我下星期去日本旅行，行了吧？

女：这还差不多。

回答问题：

你认为"前往"和"去"有什么不同？"前往"是哪两个汉字？

8. 不是闹着玩儿的；见效：

我小的时候很调皮，打架、逃课、不做作业，什么都干过。所有的错误当中，妈妈最不能容忍的就是撒谎，如果撒谎被妈妈发现了可不是闹着玩儿的，妈妈根本不骂，直接就打。我也为撒谎挨过不少打，结果真见效，我让妈妈打得越长越老实，越来越不会撒谎。

如今，我儿子的错误当中，我也最不能容忍撒谎，可是，现在时代变了,我和妻子从来不打儿子,变成了苦苦说服。

回答问题:

(1) 这段话的主要内容是什么?

(2) "撒谎被妈妈发现了可不是闹着玩儿的"这句话是什么意思?

(3) "结果真见效,我让妈妈打得越长越老实,越来越不会撒谎"中的"见效"是什么意思?你认为"见效"还能用在什么地方?是哪两个汉字?

(一)

男:如果药物牙膏真的有包治百病的神效,恐怕牙医们也得改行去生产牙膏了。

女:不知生产厂家有意还是无意,药物牙膏的说明大多印有"防治"等字样,给人的印象是它与药物一样,都有治病的功效。

男:但据有关专家介绍,药物牙膏防病的确不假,而治病则有王婆卖瓜之嫌。

女:仅以牙周炎为例,想治好它必须要依靠专业医生,去掉牙石,而任何一种牙膏都不能取而代之。

男:此外,某些药物牙膏含有的药物成分,长期使用会损坏牙齿。

女:因此专家认为,对于牙齿保健来说,使用药物牙膏也并非多多益善。

根据录音内容选择正确答案:

1. 药物牙膏的主要功效是什么?
   A. 治病　　　　　　　B. 防病 ✓
   C. 消炎　　　　　　　D. 去牙石

2. 想治好牙周炎得怎么办?
   A. 找大夫治 √   B. 多用牙膏
   C. 用药物牙膏   D. 找专家咨询

3. 这段对话想告诉我们什么?
   A. 牙膏治病确有奇效   B. 牙医不如牙膏可靠
   C. 牙膏广告言过其实 √   D. 药物牙膏包治百病

(二)

大多数母亲都说感冒就和穿着有关。母亲们总是说"穿暖和点儿","别湿着头发出去"。医生却总是坚持认为感冒只和病毒有关,与寒冷无关。到底谁是对的,母亲还是医生?

最近,有人做了一项研究,负责这项研究的教授设计了这样一项实验,把180人平均分为两组,一组人把脚泡在冷水里,另一组人的脚包裹得好好的,保持温暖。结果,泡冷水的一组90人中有13人四五天内感冒了,另一组的90人中只有5人得了感冒。这个实验结果已经很能说明冷与感冒的关系了。

不过,让人惊讶的是,人感冒与鼻子有关。

鼻子的主要功能是在我们呼吸的空气进入肺之前提高空气的温度。我们的身体是通过血管实现这一点的。

我们的热血通过血管流向鼻腔,鼻腔像暖气那样温暖着我们吸入的冷空气。但在突遇寒冷时,身体转入求生状态,鼻腔内的血液就会流向身体核心,以避免热量流失。对于感冒病毒来说,这是个好机会,因为病毒就生活在鼻腔里,不停地与白血球对抗,而白血球是人类免疫系统的战士,随着血液的流动前往战场。寒冷使血管收缩,减少了白血球的供应量,病毒就有了复制的机会,开始在鼻腔里生长,于是,就导致了那些讨厌的感冒症状:鼻塞、流鼻涕、打喷嚏。

练　习

根据录音内容选择正确答案：

1. 教授实验后的结果证明什么？
   A. 冬天应该用冷水　　　　B. 人的脚最怕着凉
   C. 受凉以后容易感冒 √　　D. 感冒和寒冷没关系

2. 人感冒具体和什么有关系？
   A. 血液　　　　　　　　　B. 鼻子 √
   C. 肺部　　　　　　　　　D. 冷水

中医和西医

① 王师傅：秋云，好久没见了，听说你最近身体不大好。

　秋　云：是啊，今年冬天也不知道是怎么闹的，一茬儿接一茬儿地净感冒，以前没这样过。

　王师傅：身体可不是闹着玩儿的，我们岁数大的人深有体会。有病还是得抓紧治。

　秋　云：我也是这么想，可这次看好了，没几天又来了，一上医院又打针又吃药，我都憷得慌。

　王师傅：我建议你呀，去看看中医。

　秋　云：不瞒您说，长这么大，我还没看过中医呢！老觉得不太相信中医，汤药可能也不好喝。照您这么说，中医比西医强？

　王师傅：强不强的，得分什么病，要我说，中西医各有千秋。

　秋　云：这话怎么讲？

王师傅：要是得了盲肠炎什么的，还是得西医，可是像你这样的病，恐怕和身体抵抗力下降有关系。中医讲究的是全身的调节，就是大伙儿常说的，治的是"本"。

秋　云：您的意思是说西医是"头疼医头，脚疼医脚"，中医看病是把人当成一个整体来调治。

王师傅：对。大伙儿不是常说吗，吃点儿中药调一调。

秋　云：可我老怀疑中医，用手指一摸就能摸出是什么病来？

王师傅：咱们的传统中医是没有CT、B超、化验什么的，有些病从确诊的科学性来讲，的确不如西医，所以我刚才说呢，看中医西医得分什么病。另外，现在中医也有改变，讲究中西医结合，就是用西医手段帮助确诊，用中药治疗。

秋　云：嗯，这个法子好。

② 王师傅：其实中医的望、闻、问、切，也不是完全没有道理。

秋　云：什么叫望、闻、问、切呀？

王师傅：是中医的确诊方法。望是看病人的脸色；闻包括用听的办法了解病人的言语、呼吸、咳嗽等声音变化和闻病人身体、口中散发出的气味；问是问病史；切是诊脉，也叫号脉。

秋　云：那除了问以外，都得依赖医生的经验喽？

王师傅：是这样，所以出个好中医不是件容易事儿。

秋　云：那是不是我们女同志得注意，看中医的时候一定不能化妆？

王师傅：是，这点太重要了。

秋　云：我还听人说，中药没有副作用，是吗？

王师傅：其实中药也好，西药也罢，只要是药，就会有毒副作用，中药的特点大概是比较温和吧，当然见效也慢。

秋　云：那听您的，明儿我也看看中医去。

王师傅：我觉得咱们的中医对亚健康状态的调治最合适不过了。

秋　云：王师傅,您的新词儿还不少,什么叫亚健康状态呀?
王师傅：哦,我这几年一直订着《健康报》,所以这方面的知识就多了些。亚健康状态呀,就是处于健康与不健康之间的一种状态。
秋　云：是不是说没病吧,又哪儿都不舒服,说有病吧,又说不出是什么病?
王师傅：对。
秋　云：嗯,有道理,这病西医是没法治。

一、听全文,回答问题:

1. 谁没看过中医,为什么?

2. 王师傅是不是认为中医就比西医好?

二、根据第一段内容,选择正确答案:

1. "身体可不是闹着玩儿的"是什么意思?
   A. 身体不是别人的事　　　　B. 身体不和人开玩笑
   C. 没人和身体开玩笑　　　　D. 不能拿身体开玩笑 √

2. 秋云对打针、吃药有什么感觉?
   A. 无所谓　　　　　　　　　B. 很害怕 √
   C. 很无奈　　　　　　　　　D. 不情愿

3. 秋云为什么没看过中医?
   A. 怀疑中医 √　　　　　　　B. 心理发憷
   C. 喜欢西医　　　　　　　　D. 中药太贵

37

4. 王师傅对中西医有什么看法？
   A. 中医好　　　　　　　　　B. 西医好
   C. 各有所长 ✓　　　　　　　D. 都不怎么样

5. 中医和西医不同的是什么？
   A. 中医最适合治感冒　　　　B. 中医讲究全身调治 ✓
   C. 西医治头疼脚疼内行　　　D. 中医最适合治盲肠炎

6. 现在的中医有了什么改变？
   A. 让西医确诊　　　　　　　B. 全用CT、B超
   C. 确诊不科学　　　　　　　D. 中西医结合 ✓

三、根据第二段内容，判断正误：
1. "望"是看病人的表情。　　　　　　　　　　　　　　　　　（✗）
2. "闻"包括闻病人的气味。　　　　　　　　　　　　　　　　（✓）
3. 经验对于中医很重要。　　　　　　　　　　　　　　　　　（✓）
4. 中医特别反对女性化妆。　　　　　　　　　　　　　　　　（✗）
5. 西药比中药见效慢。　　　　　　　　　　　　　　　　　　（✗）
6. 中药和西药都是毒品。　　　　　　　　　　　　　　　　　（✗）
7. 说有病也没病，说没病又有病，就叫亚健康状态。　　　　　（✓）

四、听录音，选词填空：
1. 今年冬天也不知道是怎么闹的，一茬儿接一茬儿地（　　）感冒，以前没这样过。
   A. 尽　　　　　　B. 净 ✓　　　　　　C. 仅

2. 现在中医也有改变，讲究中西医（　　），就是用西医手段帮助确诊，用中药治疗。
   A. 切合　　　　　B. 结合 ✓　　　　　C. 接合

3. 身体可不是（　　）着玩儿的，我们岁数大的人深有体会。有病还是得抓紧治。
   A. 弄　　　　　　B. 好　　　　　　　C. 闹 ✓

五、讨论：

1. 为什么对中医来说,经验很重要？

2. 为什么说"出个好中医不是件容易事儿"？

3. 什么叫"中西医结合"？

4. 为什么女的看中医最好别化妆？

5. 据你所知,中国人喜欢中医还是喜欢西医？

第五课　年俗新风

词语链

1. 古代：(古人)　家具：(餐具、茶具、坐具)　靠背：扶手：坐姿：(坐具)
   脚后跟：席地而坐：高足：杯：(盘，碗，碟)　视线：

   男：我发现古代用的不少家具、餐具、茶具和今天的都不太一样。
   女：是啊，那时候吃饭的桌子什么的都特矮，没有凳子，更没有今天这样的有靠背、有扶手、高腿的椅子，古人的坐姿也和今天不一样，基本就是坐在自己的脚后跟上。
   男：那肯定特不舒服。
   女：肯定不舒服。那叫"席地而坐"。
   男：什么时候有的椅子呀？
   女：据说是唐代中期，大约一千二三百年前吧。坐具一改变，首先就是人们坐着的姿势变了；腿可以垂下来了，饭桌什么的当然也就不能那么矮了，就出现了高足家具。
   男：你说的"高足家具"就是我们今天用的这种高腿的家具吧？
   女：对。而且，以前坐的低，许多杯、盘、碗、碟都是高足的，这个你从博物馆、电视剧里都能看到，像古代的酒杯，都挺高的。人们坐高了以后，再看高足餐具视线都不舒服了，大约一千年前，高足餐具就不多见了。

   回答问题：
   (1) 这段对话的主要内容是什么？
   (2) 录音中除了"茶具"，还说了什么"具"？你还能说出带"具"的词吗？
   (3) 你坐的椅子有靠背和扶手吗？
   (4) "坐姿"是什么意思？是哪两个汉字？
   (5) 古人没有椅子时怎么坐？"席地而坐"是什么意思？
   (6) "高足家具"的"足"是什么意思？哪个字？
   (7) "视线"是什么意思？是哪两个汉字？

2. 始建于：

　　天安门位于北京市区中心，始建于明永乐十五年，即公元 1417 年。天安门广场面积 44 万平方米，可容纳 100 万人集会，是当今世界上最大的广场。

回答问题：

(1) 天安门大约有多少年历史了？

(2) 天安门是什么时候修建的？

3. 外出： 衣服：(衣裳，服装)　手头儿紧：(手头儿宽裕)　添：(增添)

女：外出考察几号走呀？

男：下礼拜二，16 号吧？

女：那边天气冷，你是不是得添件厚衣裳啊？

男：孩子刚交完学费，咱家手头儿也不宽裕，我看买衣服的事就算了。

女：手头儿紧也不能不买衣服呀，你看人家王新新，还没咱家富裕呢，老穿新衣裳，天天出来进去的，跟服装表演似的。反正现在衣服也不贵，买件新衣裳，生活也增添点儿新鲜劲儿。

回答问题：

(1) 对话的主要内容是什么？

(2) 男的 16 号要去干什么？"外出"是哪两个汉字？

(3) "添件衣裳"是什么意思？

(4) 说出"衣裳"的同义词。

(5) "手头儿紧"、"手头儿宽裕"是什么意思？

(6) "买件新衣裳生活也增添点儿新鲜劲儿"中的"增添"是什么意思？是哪两个汉字？

4. 来临： 消费：(消费者)　促销：(促销月)　价格：(减价)　打折：(一折)

　　节日即将来临，恰逢本店十年店庆，为回报广大消费者，9 月 15 日至 10 月 15 日，为本店促销月，商品全部打折、减价，部分商品一折销售。

回答问题：

(1) 商店要搞什么活动？为什么？

(2) "促销"是什么意思？是哪两个汉字？

(3) 商店具体的促销办法是什么？是哪几个汉字？

5. 喜庆： 聚:(团聚,亲朋相聚,聚餐) 逢年过节： 头等大事：

男：春节就要到了,我们家正为过节的事发愁呢。

女：一年一个春节,多喜庆呀,怎么还发愁呀？

男：我们家都聚一块儿一共17口,想不好年夜饭在哪儿吃。在家里吧,做那么多人的饭,谁都憷。

女：要我说呀,逢年过节,吃饭事小,一家人团聚事大,现在谁家也不缺吃,只要大伙儿高兴,吃好吃坏不重要。

男：话可不能那么说,按咱们中国的传统,亲朋相聚,高兴、吃好都是头等大事。

女：那就到外头吃去呗,省事。

男：现在有一种观点,春节是家家团聚的日子,在饭馆儿聚餐,你们家是团聚了,也省事了,可人家大师傅呢,净给大伙做饭了,人家怎么和家人团聚呀。这么想想也有道理,咱们也不能净想自己呀!

女：那就在家里,吃什么就别挑剔了,就图个喜庆。

回答问题：

(1) 对话的主要内容是什么？

(2) "喜庆"是什么意思？是哪两个汉字？

(3) 录音中除了"聚",还说了什么带"聚"的词？是哪些汉字？

(4) "头等大事"是什么意思？是哪几个汉字？

(5) "逢年过节,吃饭事小,一家人团聚事大"这句话是什么意思？"逢年过节"是哪几个汉字？

(6) "大师傅"是干什么的？

6. 五花八门： 饮食:(饮食习惯) 闲心:(闲钱,闲工夫) 往年： 热潮：

男：真是到了消费的时代了,逢年过节,你看去吧,小学同学聚会的,中学同学聚会的,大学同学聚会的,单位同事聚会的,老邻居聚会的,饭店里都是五花八门的理由来聚会的。

女：这也是咱们中国的风俗,饮食习惯中常能体现团聚的意思。哎,还有一道菜,就叫"大团圆",是不是？

男：我看不是,我觉得是如今大伙儿有了闲心,有了闲钱,又有闲工夫了。像咱们父母那辈人,在咱们这岁数,孩子好几个,都在念书,大人天天愁吃愁喝,忙着过日子呢。现在都是一个孩子,咱们的孩子也都工作了,可不就有闲心了吗!

女:可往年也没这么热闹呀,城里聚着不过瘾,都聚到郊区去了。
男:这还不明白,不少人有了汽车,开车出游又成热潮了呗!

回答问题:

(1) 对话的主要内容是什么?
(2) "饭店里都是五花八门的理由来聚会的"中的"五花八门"是什么意思?
(3) 说出"往年"的近义词。"往年"是哪两个汉字?
(4) "如今大伙儿有了闲心,有了闲钱,又有闲工夫了"中的"闲心"、"闲钱"、"闲工夫"是什么意思?汉字怎么写?

(一)

很久以前,中国没有椅子,来了客人,大家坐在席子上或是大床上,屁股放在脚后跟上,虽然不舒服,但在正式场合必须这样坐。大约1800多年以前,传入了一种能够折叠的,像凳子一样的东西,第一次改变了人们的坐姿。到了唐代中期,也就是五六百年以后,那种能够折叠的座位演变成了我们熟悉的,有靠背和扶手,坐在上面双腿可以自然垂下来的椅子。

更重要的是,椅子的流行改变了中国文化。

椅子出现之后,房子就有了变化,首先是窗户提高了,以前人们坐姿低矮,为了使坐着的人能够看到窗外的风景,窗户的位置也比较矮。椅子出现后窗户的位置明显升高了。

椅子的出现还对房屋布置产生了影响,以前人们要求房子中间的空间要尽量大一些,这样便于人们席地而坐。有了椅子,人们不必为席地而坐留那么大的地方了,家具的数量也开始多了起来。

坐姿升高以后,高足家具自然开始流行,桌子就应运而生,之后,又引起了茶具、碗碟等生活用品的一连串改变。古人坐姿低,都使用高足餐具,许多杯、碟、碗都有高足,到了宋代,也就是差不多

1000年前了,餐具放在桌子上,身体的位置和人的视线都不一样了,很难再看到高足餐具,碗、盘、杯子也都变得玲珑精巧了。

(根据澹台卓尔《椅子改变中国文化》改写)

根据录音内容选择正确答案:

1. 坐姿的改变是从什么时候开始的?
   A. 宋代初期   B. 1800多年前 ✓
   C. 五六百年前   D. 大约唐代中期

2. 有了椅子后,房子有了什么变化?
   A. 房子大了   B. 窗户高了 ✓
   C. 窗户大了   D. 家具少了

3. 有了椅子后,家具、生活用品有了什么变化?
   A. 餐具更为精美   B. 宋代才有杯盘
   C. 杯盘变为了高足   D. 家具变为了高足 ✓

(二)

有人说要了解中国古代宫廷建筑,应该去看看北京故宫,而要了解中国古代民间建筑,黄山脚下的西递村则非看不可。

这是一个非常普通的村子,这个村子虽然小,却在中国民居文化中占有一定的位置。它始建于北宋,到了明清时期已经发展成一定的规模。经过历朝历代的风风雨雨,西递村完整地保存下来,成了中国明清时期的民居博物馆。

也可能是西递村得了黄山之灵秀,弹丸之地,人才辈出,尤其是明清时期,西递商人成为当时红极一时的徽商的重要力量。那时的西递人十三四岁便外出学徒。他们浪迹天涯,吃苦耐劳,锐意进取。一旦有钱有势,便衣锦还乡,造屋修路,以光宗耀祖,于是便有了西递村的繁荣。

西递村民居建造得精美、讲究,在国内堪称一绝。清代中叶,西递村盛极一时,全村约有600座宅院,99条巷子,近万人口。

根据录音内容选择正确答案:

1. 要了解中国古代民居建筑应该去哪儿?
   A. 黄山　　　　　　　B. 故宫
   C. 博物馆　　　　　　D. 西递村 ✓

2. 西递村什么时候具有了一定的规模?
   A. 明朝　　　　　　　B. 清代中叶
   C. 北宋时期　　　　　D. 明清时期 ✓

3. 西递村人靠什么挣钱?
   A. 在家种地　　　　　B. 外出经商 ✓
   C. 发展旅游　　　　　D. 搞古建筑

4. 西递村人有了钱干什么?
   A. 到处旅游　　　　　B. 建博物馆
   C. 盖房子、修路 ✓　　D. 买漂亮衣服

年俗新风

① 从前有这样一首儿歌:"过年好,过年好,穿新衣,添新袄……"

也有人把中国的节日比作"吃"的节日。时过境迁,"穿新衣,添新袄"或是"吃",已经都不必非得等到年关岁末了。

② 过去,过年买新衣与其说是民俗,不如说是因为当年手头儿紧,一年到头做不了两件新衣裳,只好等到过年过节,增添点儿节日气氛,更重要的是好好儿开开心,因为平时就是有闲心的话,怕是也没闲钱。如今不同了,面对日益繁荣的市场,强调个性、讲究品位的购物选择,已经打破了以往过年过节盲目购物的消费模式。尽管商家面对春节即将来临仍不见景气的服装市场并不甘心,不遗余力地营造着节日的喜庆气氛,同时以五花八门的"打折"、"减价"等促销手段,搭上他们诱人的微笑,希望迎来慷慨解囊的消费者。可今天的消费者似乎都很成熟,很冷静,特别懂得不慌不忙地购物,从从容容地过年。市场调查显示,春节来临,服装市场并没有消费热潮。

③ 中国有句古语"民以食为天",逢年过节聚餐更是头等大事。因此,以往节前的大办年货,对商家、对百姓来说,都是热点中的热点。如今不同了,菜篮子供应体系促进了市场的繁荣,平时人们的饮食水平已然不低,春节饮食似乎就醉翁之意不在"吃",只在亲朋相聚了。加上人们希望聚出新意,聚出档次,就使得若干年前人们在家中团聚时,冷清得不得不关门停业的饭店,如今出现了空前火暴的场景。人们在年前不再准备那么多吃的,春节前的集中购物也不比往年了。伴随着经济的发展,商品的丰富,市场的活跃,节日里突击购物的习惯将会成为历史。

④ 如今,新的消费意识已经形成。以往的春节,远离家乡的人们都会踏上归途,如今,却有很多人登上旅途,辟出春节娱乐的蹊径。多少年来,"独在异乡为异客,每逢佳节倍思亲"因为道出了人们的共同感受,打动着一代又一代读者,以至这首诗成了千古绝唱。今天,过年远走他乡,似乎又成了新的时尚。

(根据中央电视台"经济半小时"节目广播稿改写)

练 习

一、听全文,回答问题:

1. 中国人过年有了哪些变化?

2. 春节聚餐的目的是什么?

二、根据第一、二段内容,选择正确答案:

1. 为什么过去过年要穿新衣?
   A. 有这样的传统　　　　　B. 平时没时间买
   C. 这样更有个性　　　　　D. 日子过得不宽裕 √

2. 哪一项不是现在过节的消费特点?
   A. 强调个性　　　　　　　B. 讲究品位
   C. 盲目购物 √　　　　　　D. 从容购物

3. 面对节日市场,商家是怎么表现的?
   A. 不慌不忙　　　　　　　B. 非常冷静
   C. 拼命促销 √　　　　　　D. 特别大方

三、根据第一、二段内容,判断正误:

1. 如今不是非要到过年才买新衣服。　　　　　　　　　　(√)
2. 如今的消费者都很大方。　　　　　　　　　　　　　　(✗)
3. 春节到来,服装市场并不景气。　　　　　　　　　　　(√)
4. 春节市场,商家服务态度特好。　　　　　　　　　　　(√)
5. 今天的消费者既成熟又冷静。　　　　　　　　　　　　(√)

四、根据第三段内容,判断正误:

1. 以往过年,聚在一起吃顿饭是最重要的事了。　　　　　(√)
2. 以往过年,家家都集中购买大量食品。　　　　　　　　(√)
3. 如今过年,人们不买吃的了。　　　　　　　　　　　　(✗)

4. 过年不突出吃是因为平常什么都能吃到。　　　　　　　　　　(√)

5. 如今过年,即使在一起吃也不是为了吃,而是在一起高兴、
　　热闹。　　　　　　　　　　　　　　　　　　　　　　　　(√)

6. 如今过年饭馆儿都停业。　　　　　　　　　　　　　　　　　(×)

7. 如今过年,饭馆儿、饭店的生意比什么时候都火。　　　　　　(√)

8. 过年习惯的改变和经济的发展有关系。　　　　　　　　　　　(√)

五、根据第四段内容,判断正误:

1. 以前过春节,人们都去旅行。　　　　　　　　　　　　　　　(×)

2. 如今过春节,人们情愿登上飞机去旅行。　　　　　　　　　　(×)

3. 许多年来,中国人都觉得一个人远离家乡、亲人,过节时就会
　　特别想家。　　　　　　　　　　　　　　　　　　　　　　(√)

4. 有一句古诗一直在中国人中流传,而且,人们都为诗中的情感
　　所感动。　　　　　　　　　　　　　　　　　　　　　　　(√)

5. 中国人对这句古诗评价特别高。　　　　　　　　　　　　　　(√)

六、听录音,选词填空:

1. 从前有这样一首儿歌:"过年好,过年好,穿新衣,(　　)新袄",也有人
　　把中国的节日比作"吃"的节日。

　　A. 天　　　　　　B. 添 √　　　　　　C. 见

2. 如今不同了,面对(　　)繁荣的市场,强调个性、讲究品位的购物选择,
　　已经打破了以往过年过节盲目购物的消费模式。

　　A. 日益 √　　　　B. 实际　　　　　　C. 奇迹

3. 人们在年前不再准备那么多吃的,春节前的集中购物也(　　)往年了。

　　A. 不比 √　　　　B. 不必　　　　　　C. 普及

4. 多少年来,"独在异乡为异客,每逢佳节倍思亲"因为(　　)出了人们的
　　共同感受,打动着一代又一代读者,(　　)这首诗成了千古绝唱。

　　① A. 到　　　　　B. 套　　　　　　　C. 道 √
　　② A. 以至 √　　　B. 一直　　　　　　C. 其实

第六课　关于幸福

词语链

1. 贫：　富：(贫困,富有,贫富差距)　老掉牙：　城镇：　下岗：
   者：(富有者,贫困者)

   贫富差距在中国存在已经很久了，甚至可以说，是个老掉牙的问题了。20世纪70年代的农村,农民最羡慕的就是在城镇有个工作,用他们的话说是当工人,其实,就是脱离农民身份。眼下在农民眼里,富有者还是城里人。当然,事实不一定完全如此,比如,城里人如果丢了工作,下了岗,生活马上就会成问题,而农村也不百分之百都是贫困者。但相对而言,农民收入还是少。在中国,让农民都变成富人还需要时间。

   回答问题:
   (1) 这段话的主要内容是什么?
   (2) "贫富差距"是什么意思? 是哪几个汉字?
   (3) "老掉牙的问题"是什么样的问题?
   (4) "农民最羡慕的就是在城镇有个工作"中的"城镇"指哪里?是哪两个汉字?
   (5) "富有者"、"贫困者"中的"者"是什么意思? 你还能说出带"者"的词语吗?

2. 极度：　贫乏：　举例：　衣食无忧：　大把大把花钱：　欢笑：
   富足：(富有)　对……而言：　含义：　拥有：

   我小的时候,正是中国物质极度贫乏的年代,那时候,吃的、穿的、用的,不管买什么都限制数量,举例来说吧,吃粮食凭粮票,穿衣凭布票,买自行车凭车票,结婚买张最最简单的木板床也得有票,一句话,没有票什么也买不了。那时候工资也不高,大家过的都是计划经济下的贫困日子,谁都不知道不愁吃不愁穿,衣食无忧是什么滋味,谁都没体会过,东西想

49

买就买是什么感觉,更没感受过什么叫大把大把花钱。可是在我的记忆中,那时家中却并不缺少欢笑,妈妈总是对我们兄弟姐妹说:人的一生中不可能老过不缺吃不缺穿的富足日子,小时候过过穷日子没什么不好,对你们而言,最重要的是念书,将来做个对社会有用的人。我那会儿虽然年龄不大,可从妈妈的话中慢慢懂得,生活的含义应该是很丰富的,包括经济上富有,包括拥有知识,也包括各种各样的经历。

回答问题:

(1)"物质极度贫乏"是什么意思?"极度"和"贫乏"怎么写?

(2)"谁都不知道不愁吃不愁穿,衣食无忧是什么滋味"中的"衣食无忧"是什么意思?是哪几个汉字?

(3)什么人能够"大把大把花钱"?你觉得"大把大把花钱"是哪几个汉字?

(4)"在我的记忆中,那时家中却并不缺少欢笑",这句话是什么意思?"欢笑"是哪两个字?

(5)"不缺吃不缺穿的富足日子"中的"富足"是哪两个字?你能说出"富足"的同义词吗?

(6)"对你们而言,最重要的是念书"和"对你们来说,最重要的是念书"意思一样吗?

(7)录音中的"我"认为生活都包括什么?

3. 知足: 轻闲: 绝大多数:

男:自从到了这个公司以后,我心里就一直不痛快,挣的钱是比原来多了,可也不能把人累成这样啊!

女:你这人就是没劲,没有你知足的时候,原来的工作轻闲,你嫌工资少,这回钱多了,你又嫌太忙,有整天待着挣钱又多的活儿吗?

男:可绝大多数人都不会像我运气这么不好吧?

女:你错了,绝大多数人都跟你一样,这也是一个规律,叫"多劳多得"。

回答问题:

(1)这段对话的主要内容是什么?

(2)男的原来的工作怎么样?现在的工作怎么样?

(3)"知足"是什么意思?是哪两个汉字?

(4)50%、60%、90%,哪个可以说是"绝大多数"?"绝大多数"怎么写?

4. 病：(胃病,眼病,皮肤病) 世间：

　　男：洋洋,好几年不见了,最近好吗？
　　女：别提了,最近净闹病了,胃病、眼病、皮肤病,连牙都跟着起哄。唉,我觉得世间最大的不幸就是与病为伴了,我真是倒霉透了！
　　男：别这么想,生病是很平常的事。唉,你女儿上初中了吧？
　　女：哪儿呀,都高中了。
　　男：功课不错吧？
　　女：我呀,就是女儿让我省心,功课又好,又知道心疼我,什么都帮我干。
　　男：那你还不知足！

　　回答问题：
　　(1) 你认为女的是世界上最倒霉的人吗？
　　(2) 女的最近都得过什么病？
　　(3) "世间最大的不幸就是与病为伴"中的"世间"是什么意思？是哪两个汉字？

5. 度：(满意度) 感：(幸福感) 排名： 学历： 关注：

　　男：我觉得不知不觉的,我们的生活中多了一个行业。
　　女：什么行业呀？
　　男：就是老有人做各种各样的调查,什么幸福指数调查,各种各样的满意度调查;还老有人搞五花八门的排名,什么竞争力排名,最适合人居住的城市排名。咱们年轻那会好像没有干这个的,什么幸福感不幸福感的。
　　女：咱们年轻那会儿和现在当然不一样了,30多年过去了,又是改革开放,多出来的哪里是一个行业呀,以前没有的行业多了,你年轻那会儿有婚姻介绍所吗？你年轻那会儿大学毕业就是最高学历了,有硕士、博士吗？
　　男：那倒也是。
　　女：不过,多关注关注这些调查也挺有意思的,特别是最近有好几个关于幸福感的调查,真有点儿出人意料。

　　回答问题：
　　(1) 这段话的主要内容是什么？
　　(2) 录音中提到了什么调查？什么排名？
　　(3) "关注"是什么意思？是哪两个汉字？

(一)

梁从诫已年近七旬,看起来却要年轻十几岁,他还是那样容易被感动,常常为一些事情热血沸腾,让他完全忘记老之将至。

梁从诫常说:"印象中,我们的生活总是充满欢笑。那时,物质生活虽然极度贫乏,精神上却很富足。"可现在,还有多少人愿意享受那样简朴又丰厚的生活了。"是不是大把大把花钱、有汽车、住洋房就是人类的幸福生活?还是说你对幸福生活可以有另外一种理解?物质上简朴一点儿,精神上丰富一点儿,有没有可能?"每说到这儿,梁从诫就会激动起来。其实,想过好日子,本无可厚非,但若不择手段,不顾及别人,甚至不惜以破坏、践踏生态环境为代价,则是对大自然的一种犯罪。

根据录音内容选择正确答案:

1. 梁从诫多少岁了?
   A. 十几岁　　　　　　　B. 七十多岁
   C. 快七十了 ✓

2. 梁从诫崇尚的是什么样的幸福?
   A. 有汽车、有洋房　　　B. 物质生活极度贫乏
   C. 可以大把大把花钱　　D. 物质简朴,精神富足 ✓

3. 梁从诫认为什么是不可容忍的?
   A. 做任何事情都不择手段 B. 没有理想,只知道过日子
   C. 非常自私,从来不管别人 D. 自己过好日子,破坏环境 √

(二)

男:小丽,忙什么呢?俩月不见,你怎么变得又黑又瘦?

女:咳,别提了,看到不少人下岗,我也得给自己预备条后路,学计算机呢!这几天正考试,忙得我都不知道东南西北了。

男:要是不下岗,你不是白学了吗?

女:那也不会。工厂挺累的,等我有了一技之长,他不让我下岗,我还兴许跳槽呢!那时候,我就找个工资又高,离家又近,又轻闲,又体面的工作,咱们不就也成了白领了吗?

男:我看你别高兴得太早了。现在竞争那么激烈,就你这学历,你还是死了这条心吧。

女:你怎么这么说话呀?这不是隔着门缝看人,把人看扁了吗?我现在还念夜大呢,我就不信我拿不下个大本文凭来!

男:看不出来,你还是真有志气!行,我服你了!

根据录音内容选择正确答案:

1. 小丽最近为什么又黑又瘦?
   A. 她下岗了   B. 考试太忙 √
   C. 忙着走后门   D. 出去常迷路

2. 小丽为什么要学计算机?
   A. 她喜欢计算机   B. 现在工资太少
   C. 万一下岗有后路 √   D. 她想干别的工作

3. 小丽对现在的工作怎么想？
   A. 非常清闲   B. 不太满意 ✓
   C. 被人看不起   D. 就是离家远

4. 男的认为小丽什么条件不太好？
   A. 学历不高 ✓   B. 过于乐观
   C. 不敢竞争   D. 盲目高兴

5. "这不是隔着门缝看人，把人看扁了吗？"是什么意思？
   A. 看不起人 ✓   B. 不了解人
   C. 看问题片面   D. 对人有偏心

6. 男的为什么说小丽有志气？
   A. 小丽想换个好工作   B. 小丽夜里还在看书
   C. 小丽决心考下大学文凭 ✓ D. 小丽已经变成了白领

关于幸福

① 幸福到底是什么？这是个老掉牙的问题了，人们的回答也是见仁见智。其中有抽象的，例如：自由就是幸福，想干吗干吗就是幸福；有具体的：渴的时候有瓶水喝就是幸福，饿极了有馒头吃就是幸福；有通俗的：特想上厕所的时候，比别人先得到坑位就是幸福；有听后让人肃然起敬的：帮助了别人，别人感到幸福，我就幸福。然而，更多的人还是会提到金钱与幸福的关系。

据说，英国有人做了个《幸福星球指数》调查，结果越南以排名12成为亚洲成绩最好的国家，新加坡则以131位成为亚洲成绩最差的国家。中国排名第31位，泰国、印度、日本、韩国分别排名第32位、62位、95位和102位。无独有偶，中国最近公布的《中国居民生活质量报告》也显示：中国近8成居民感到幸福,远远高于发达国家。更令人想不明白的是,在贫富差距仍然是个问题的中国,农村居民幸福感居然强于城镇居民。调查结果公布后,舆论一片哗然,关注、好奇者有之,质疑乃至口诛笔伐者也有。于是,有人希望运用自己的智慧,给金钱与幸福的关系一个合理的解释。

②首先,金钱与幸福之间的关系应该是金钱不等于幸福,但没有钱却万万不可能幸福。道理很简单,当人身上一分钱没有的时候,幸福满意度几乎是零。一旦人手中有了钱,准确地说,就是达到了衣食无忧时,金钱对幸福满意度的影响就小多了。举例来说吧,同样是100块钱,对于一个乞丐和一个富翁,意义有着天壤之别。

其次,幸福感也取决于与其他人生活状况的比较。当一个人与周围人比较的时候,发现自己的生活水平比其他人高,他的幸福感就越强。对绝大多数农民而言,生活的圈子不过方圆几十里,接触到的人都和自己的生活状况差不多,心理上就不会有太多的不平衡。城里人则不同,周围人收入、消费差距巨大,身边富有者比比皆是,其结果是越比越不知足。

另外,现代生活有了太多的诱惑,人们的愿望也会越来越多。当人们有着太多的欲望,一时又难以满足的时候,就不会感到幸福。

其实,当人们摆脱了食不果腹的贫困后,幸福的含义就变得十分宽泛了,而且,它完全是一种主观感受。试想,一个有钱但有胃病的人,虽然可以拥有世间的美味佳肴,他会有幸福感吗?一个不够有钱但健康,五谷杂粮也吃得津津有味的人,或许比有钱人更感幸福;而木板床和席梦思也得看谁睡在上面,如果天天夜里失眠,睁着眼睛等天亮,恐怕不会比倒在木板床上就进入梦乡的人更有幸福感。

练 习

一、听下面一段话,听后用最简单的话概括一下英国的调查和中国的报告结论是什么。

英国有人做了个《幸福星球指数》调查,结果越南以排名12成为亚洲成绩最好的国家,新加坡则以131位成为亚洲成绩最差的国家。中国排名第31位,泰国、印度、日本、韩国分别排名第32位、62位、95位和102位。无独有偶,中国最近公布的《中国居民生活质量报告》也显示:中国近8成居民感到幸福,远远高于发达国家。更令人想不明白的是,在贫富差距仍然是个问题的中国,农村居民幸福感居然强于城镇居民。

二、听全文,回答问题:
金钱和幸福是什么关系?

三、根据第一段内容,判断正误:
1. "什么是幸福"是个讨论已久的问题了。　　　　　　　　　(√)
2. 大家对"什么是幸福",看法很不一样。　　　　　　　　　(√)
3. 有人认为干什么都幸福。　　　　　　　　　　　　　　　(×)
4. 有人认为得到最需要的就有幸福感。　　　　　　　　　　(√)
5. 有人以帮助别人为幸福。　　　　　　　　　　　　　　　(√)
6. 大家都认为有钱就幸福。　　　　　　　　　　　　　　　(×)
7. 在亚洲,新加坡人最感幸福。　　　　　　　　　　　　　(×)
8. 在亚洲,越南人最感幸福。　　　　　　　　　　　　　　(√)
9. 近80%的中国人感到幸福。　　　　　　　　　　　　　　(√)
10. 中国城镇居民比农村居民幸福感强。　　　　　　　　　(×)

四、根据第二段内容,选择正确答案:
1. 金钱与幸福是什么关系?
   A. 金钱与幸福无关　　　　　　B. 没有钱也会幸福
   C. 有很多钱才会幸福　　　　　D. 没有钱不可能幸福 √

2. 100块钱对于一个富翁意味着什么?
   A. 不会带来很大快乐 √　　　　B. 仍会带来很大快乐
   C. 希望把钱送给乞丐　　　　　D. 数量太少,不愿意要

3. 100块钱对于贫困者意味着什么?
   A. 无所谓　　　　　　　　　　B. 有也行
   C. 可有可无　　　　　　　　　D. 非常重要 √

4. 与周围人相比有幸福感的条件是什么?
   A. 越比越不知足　　　　　　B. 别人有钱就眼红
   C. 生活要比别人好 √　　　　D. 只是自己好不行

5. 农村居民为什么会有幸福感?
   A. 亲朋好友住得近　　　　　B. 对生活要求不高
   C. 大家状况差不多 √　　　　D. 农村消费水平低

6. 根据课文,以下哪句话正确?
   A. 有钱比健康更重要　　　　B. 睡席梦思床爱失眠
   C. 吃五谷杂粮最幸福　　　　D. 自己觉得幸福就幸福 √

五、听录音,选词填空:

1. 中国(　　)第31位,泰国、印度、日本、韩国分别páimíng第32位、62位、95位和102位。
   A. 派名　　　　　B. 牌名　　　　　C. 排名 √

2. 更令人想不明白的是农村居民幸福感居然(　　)城镇居民。
   A. 强于 √　　　　B. 强与　　　　　C. 前于

3. 一旦人手中有了钱,准确地说,就是达到了(　　)时,金钱对幸福满意度的影响就小多了。
   A. 衣食无有　　　B. 一时无忧　　　C. 衣食无忧 √

4. 如果天天夜里失眠,睁着眼睛等天亮,恐怕不会比(　　)在木板床上就进入梦乡的人更有幸福感。
   A. 到　　　　　　B. 道　　　　　　C. 倒 √

第七课　来自 NEET 的调查报告

词语链

1. 考试：(高考)　升：(升学,升入)　高达：　理应：　自习：(自习室)
   家人：　就业：

   　　对于孩子考大学压力过大的问题,原以为是高中能够升入大学的比例太小,竞争激烈造成的。近两年,北京参加高考的高中生升学比例已高达 70%,升学比例提高了,学生压力大的问题理应得到解决,或部分得到解决,但高考生每天除了上课,就是在自习室自习,回家就是做题的状况依然得不到改善。究其原因,是随着升学比例的提高,考生及其家人的目标也在提高。人们已不满足于有学上,而是期望升入好大学。当然,这种状况的产生也和近年就业市场的就业形势有关,人们普遍认为,升入一所好大学,将来找工作会更容易一些。

   回答问题：
   (1) 这段话的主要内容是什么？
   (2) "高考"是什么意思？是哪两个汉字？你知道人们口语怎么说考研究生和考博士生吗？
   (3) 北京高中生升大学的比例是多少？"高达 70%"是什么意思？"高达"是哪两个汉字？
   (4) "升学比例提高了,学生压力大的问题理应得到解决"中的"理应"是什么意思？是哪两个字？
   (5) 你每天在哪里自习？中国学生在哪里自习？"自习"是哪两个字？

2. 族：(汉族,满族,贵族,少数民族,上班族)
   男：你这个姓挺奇怪的,你是汉族人吗？
   女：不是,我是满族。
   男：跟清朝皇帝是亲戚吗？你们家也算是贵族了哈。

女：清朝的时候满族是贵族,可我们家不是,我们家是满族里的平民百姓。
男：咱们言归正传,就算你是少数民族,你上班也不能三天两头迟到啊。
女：真对不起,我以后一定注意,其实,每次迟到都是因为堵车。
男：工作就得像个工作的样子,堵车是实际情况,可上班族里头家比你远的多了,也不是人人都迟到呀。
女：这是我自己的问题,我以后一定注意。

回答问题：
(1) 男的主要想跟女的谈什么事情？
(2) 录音中除了"满族",还说了什么"族"？你还能说出带"族"的词吗？
(3) "汉族"中的"族"和"上班族"中的"族"意思一样吗？

3. 网络：(网络游戏)　登录：　整整：　日日无休：　无趣：　群体：

　　网络在给人们带来无数好处的同时，也给一批孩子的父母带来了无边的烦恼，新新就是这样一个让父母发愁的孩子。

　　早上，新新起床后的第一件事就是打开电脑上网。机器运行的这段时间，新新匆匆忙忙刷牙、洗脸，然后拿块面包，坐到电脑前，之后登录最近他正玩儿得入迷的游戏，一坐就是整整一天。漫长的暑假，新新日日无休，天天都是这么过的。在新新眼里，除了网络游戏，别的都无聊，而且无趣。父母为新新迷游戏的事伤透了脑筋，和新新谈了无数次。新新什么道理都懂，可就是管不住自己。父母也不能不上班，在家看着他呀，再说看着也没用，外面还有网吧呢。

　　像新新这样的孩子虽然人数不是很多，但也形成了一个小小的群体。

回答问题：
(1) 这段话的主要内容是什么？
(2) 新新最入迷的是什么？
(3) 新新暑假是怎么过的？"日日无休"是什么意思？是哪几个汉字？
(4) 新新为什么不愿做玩儿网络游戏之外的事？
(5) "无趣"是什么意思？是哪两个汉字？
(6) "像新新这样的孩子虽然人数不是很多,但也形成了一个小小的群体"中的"群体"是什么意思？是哪两个汉字？

4. 而立之年:(年近而立) 子承父业:(女承父业) 免费:
   招生:(招收) 伟人: 梦想:(追梦)

   张女士的父亲而立之年在偏远的大山里当上了一名教师。张女士从小每天看到的是父亲对教育事业的全心投入和农村念不起书的穷孩子对知识的渴望,这一切,给张女士留下了太深的印象。如今,年近而立的张女士女承父业,创办了一所私立学校,学校将免费招收成绩优秀,家庭生活困难的打工子弟。消息一传出,孩子们纷纷前来报名,参加学校组织的招生考试。

   孩子能免费读书,家长们也高兴得不得了。有人问起张女士是不是想出名,当伟人?张女士说,她从没想过做伟人,当教师一直是她的梦想,如今也仅仅是追梦而已。

   回答问题:
   (1) 这段话的主要内容是什么?
   (2) 张女士和父亲都是大约多少岁开始做教育工作的?
   (3) 张女士"女承父业"是什么意思?是哪几个汉字?
   (4) 在张女士的学校,家里没钱的孩子学费怎么办?"免费"是哪两个汉字?
   (5) "伟人"是什么意思?是哪两个汉字?
   (6) "追梦"是什么意思?你会写吗?

5. 以……为耻:(可耻) 积蓄: 饭盒:

   男:据说在国外,孩子18岁就独立了,上学、结婚、成家,都不花父母的钱,以花父母的钱为耻。
   女:人家是不是到了18岁再花父母的钱就觉得可耻,我不知道,我就知道咱中国的父母特爱给孩子花钱。不管孩子多大,都心甘情愿把钱花在孩子身上。比如说你吧,你儿子结婚,你不是把家里的积蓄都花得差不多了吗?然后自己天天上班带个饭盒,省吃俭用,还挺高兴。
   男:你说的也是。

   回答问题:
   (1) 这段对话的主要内容是什么?
   (2) "以花父母的钱为耻"是什么意思?
   (3) 男的天天吃什么?

6. 完美：

他是一个追求完美的人,不管做什么事,只要有一点点不满意,他都会推翻重来,直到他完全满意为止。

回答问题：

(1) 他是一个什么样的人？

(2) 你能说出"完美"的近义词吗？"完美"是哪两个汉字？

（一）

亲人眼里无伟人，可在女儿李滨的心里，父亲李振声永远高大：父亲为人正直、宽容、谦和，做事严谨。工作时一丝不苟，生活上但求温饱，他几乎是个完美的人。李滨这样评价父亲。

李滨女承父业，和父亲在一个单位，甚至是在一个实验室工作了近20年，她印象最深的就是父亲对工作的严谨。她说："记得有一年写调查报告，父亲每天都睡得很晚，似乎梦里也在思考，想到什么，马上起来打开台灯，把问题记下来。那段时间，父亲的卧室经常在半夜或凌晨透出灯光。"

李振声对工作的严谨贯彻始终，他64岁时，研究中碰到有关光合作用的问题，听说中午时叶子的气孔会关闭，于是就跑到田里，在太阳底下观察叶子。

1992年，李振声退居二线，工作却没有停止，他新建了一个育种基地，基地刚建起来时，没有食堂，没有卫生间，没有围墙，连路都不通。李振声就带个饭盒，在田里一待就是一天。就是在这个基地，李振声的科学研究有了新的进展。

李振声说，他来自一个普通的农民家庭，靠着亲戚的帮助读到高中二年级，要不是1948年济南解放，山东农学院免费招生还提供吃住，也许他就随便找个工作了。1942年山东大旱，他挨过饿，知道粮食的珍贵。上大学时,他把一些优良品种引回家,确实增产了,乡亲们都来换,从那时起,他就决心将来从事小麦育种研究。

(根据齐芳《李振声:小麦人生》改写)

根据录音内容选择正确答案:

1. 在李滨心里,父亲李振声是个什么样的人?
   A. 个子很高　　　　　　B. 普普通通
   C. 几近完美 ✓　　　　　D. 身材魁伟

2. 关于李振声的工作,以下哪句话正确?
   A. 做了20年调查工作　　B. 女儿继承了他的事业 ✓
   C. 每天梦里写调查报告　D. 调查报告都在田里写

3. 1992年后李振声怎么样?
   A. 在北京当了农民　　　B. 把家搬到了北京
   C. 生活状况很糟糕　　　D. 科研有了新成就 ✓

4. 关于李振声的经历,以下哪句话正确?
   A. 高二后就工作了　　　B. 大学时卖过粮食
   C. 小的时候家中不富裕 ✓　D. 随便找了个工作

(二)

父亲节来临之际,我们对3000名男性进行了父亲节特别调查,其中最让我们感兴趣的是他们的工作动力、对妻子的收入超过自己是否能平静对待等问题。

在工作动力问题上,近八成男性选择了孩子,而非房子、车子和面子。只有近两成的人选择了包括父母、家人在内的"其他"选项,极少数人选择的是"妻子"。可见,中国人感情垂直向下的传统丝毫没有变化。

调查中超过55%的男性认为自己理应是家庭的经济支柱,如果自己的收入比妻子低,会在孩子面前抬不起头来。即使对于那些认为自己不会觉得抬不起头来的45%,也绝不说明经济地位的不平等不会对他们产生影响。可见在今天这个提倡男女平等的社会里,对于大部分男性而言,2000多年来根深蒂固的思想并未改变。

至于职场男性到底想做经济条件优越,但没时间陪伴孩子的富爸爸,还是想做经济条件一般,甚至有些拮据,但可以陪伴孩子成长的穷爸爸,近七成的人宁愿做穷爸爸。可见中国传统家庭观念依然影响着中国男性,他们仍然把家庭、子女看作自己生命中重要的部分。

(根据北京晚报《老爹干活大半为孩子》改写)

练 习

根据录音内容选择正确答案:

1. 调查人员感兴趣的问题包括什么?
   A. 中国重视父亲节吗?   B. 妻子的收入多不多
   C. 男性是否心里平衡   D. 父亲们的工作动力 ✓

2. 多数父亲的工作动力是什么?
   A. 孩子 ✓   B. 父母
   C. 房子   D. 面子

3. 中国父亲心中什么是重要的?
   A. 经济条件优越   B. 陪伴孩子成长 ✓
   C. 中国传统观念   D. 工作超过别人

来自NEET的调查报告

① NEET,指没有正式工作,不在学校上学,也没有接受职业技能培训的年轻人。NEET是个新的社会群体,他们不偷,不抢,不给政府添麻烦;没有老一辈的居安思危,也没有知识分子的忧国忧民;甭管多大,花父母的钱不为耻;一觉睡到自然醒;烦了,到外面吃一顿;累了,躲进小屋狂睡,狂上网,狂看DVD——这就是NEET族的生活。

赵一凡23岁,NEET整整一年了。大学毕业以后的大半年里,他不用上班,也不用上课,可赵一凡似乎比上班族和学生都忙:一周七天,他日日无休,每天睡眠时间不超过6小时。早上起床后,来不及洗脸刷牙,第一件事就是打开电脑,登录他最近正在玩儿的游戏。在赵一凡眼里,工作实在是一件无趣又庸俗的事情。赵一凡的经济来源是父母,谁让中国的父母这么好呢!他们心慈手软,心甘情愿为孩子奉献。

② 钱二凡是个女孩,24岁,NEET快一年了。大学毕业以后,她用了两年的时间精心准备考研。考试失败后,她觉得自己像是在大海的中心,四周看不见岸,足不出户,整整一个月。后来,身边的同学有的在找工作,有的准备升学,三个月后,钱二凡在网上投出第一份简历,可她发现,自己认为可以干的工作几乎无法找到。几年来,一心一意考研的她大部分时间都是在图书馆、自习室度过的,没有社会活动,投出去的简历当然如同石沉大海。她想当公务员,可她想干的工作都有几十人,甚至上百人竞争。钱二凡不得不NEET了,靠的是父母和男朋友的资助。

孙三凡和赵一凡、钱二凡不同,NEET是他的生活方式,从媒体到教育咨询,到网络公司,他什么都干过,但当他有了工作之外想干的事情时,他就会放下工作,选择NEET。孙三凡第一次NEET,就是为了去向往已久的西藏。年近而立的孙三凡工作时薪水不少,但多次NEET几乎花光了他的积蓄。孙三凡的NEET是很令人羡慕的,他NEET是为了追梦。

③ 有人对坦言自己就是NEET族的254个人进行了访问,年龄从18到34都有,但集中的年龄是26到30岁之间。

花父母的钱,或用今天流行的词说"啃老",是NEET族的主力军,占36.6%;此外,依靠配偶或恋人支持的比例高达35.8%;像孙三凡那样靠自己积蓄的占15.7%;非工作收入的占11.4%。NEET族中独生子女比例约为55.5%,比非独生子女高出11个百分点。

研究认为,就业形势严峻、竞争激烈,是造成NEET族的主要原因,约占NEET族1/3强;而"个人意愿",选择适合自己的生活方式居第二位,接近NEET族人群的1/3;所学专业冷门,找工作不对口,或缺乏职业技能,被动成为NEET族成员的,接近总数的1/5。

(根据《七成NEET想换个活法》改写)

 练 习

一、听全文,回答问题:

NEET族的主要特点是什么?

二、根据第一段内容,判断正误:

1. NEET族没有正式工作。　　　　　　　　　　　　　　　(√)
2. NEET族让政府觉得很麻烦。　　　　　　　　　　　　　(×)
3. NEET族不关心国家、百姓的事情。　　　　　　　　　　(√)
4. NEET族不花父母的钱。　　　　　　　　　　　　　　　(×)
5. NEET族都很能睡觉。　　　　　　　　　　　　　　　　(×)
6. NEET族都爱看DVD。　　　　　　　　　　　　　　　　(×)

7. 赵一凡最重要的事就是玩儿电脑游戏。　　　　　　　　　(√)

8. 赵一凡很勤奋,从来不休息。　　　　　　　　　　　　　(×)

9. 赵一凡认为工作庸俗又没意思。　　　　　　　　　　　　(√)

10. 赵一凡花的都是父母的钱。　　　　　　　　　　　　　(√)

三、根据第二段内容,选择正确答案：

1. 钱二凡毕业后的情况怎么样？
　　A. 住在海边　　　　　　B. 考研失败 √
　　C. 当了公务员　　　　　D. 准备再考研

2. 钱二凡找工作时有怎样的经历？
　　A. 工作找了整整两年　　B. 她一心想当公务员
　　C. 找不到她想干的工作 √　D. 投简历就用了三个月

3. 孙三凡为什么NEET？
　　A. 他挣的钱太多　　　　B. 有了想干的事 √
　　C. 想到西藏去住　　　　D. 平常工作太累

四、根据第三段内容填表：

本次调查访问了多少人？	254人
NEET族,集中的年龄是多少岁？	26—30
花父母的钱在NEET族中占多少？	36.6%
靠配偶或恋人支持的NEET比例是多少？	35.8%
靠自己的积蓄NEET的比例是多少？	15.7%
NEET族中独生子女比例是多少？	55.5%
NEET族中非独生子女比例是多少？	44.5%
由于竞争激烈而NEET的比例是多少？	超过1/3
个人愿意NEET的比例是多少？	接近1/3

五、听录音,选词填空:

1. 赵一凡的经济(　　)是父母,谁让中国的父母这么好呢！他们心慈手软,心甘情愿为孩子奉献。
   A. 难免　　　　B. 原来　　　　C. 来源 ✓

2. 大学毕业以后,她用了两年的时间(　　)准备考研。
   A. 倾心　　　　B. 精心 ✓　　　C. 尽心

3. 考试失败后,她觉得自己像是在大海的中心,四周看不见岸,(　　)不出户,整整一个月。
   A. 足 ✓　　　　B. 粗　　　　　C. 决

4. 几年来,(　　)考研的她大部分时间都是在图书馆、自习室度过的,没有社会活动。
   A. 疑心疑义　　B. 一心一意 ✓　C. 精心努力

5. 投出去的简历当然如同(　　)沉大海。
   A. 石 ✓　　　　B. 始　　　　　C. 事

第八课 你心中谁最重要？

词语链

1. 上司： 下属： 客户： 加班： 同事： 员工： 一辈子：

   男：怎么了,情绪这么不好？
   女：跟头儿闹别扭了。
   男：跟头儿闹别扭了？真有你的,人家是上司,是领导,你是下属,被领导,你可真行,为什么呀？
   女：昨天都下班了,又有一客户来电话,事儿还挺麻烦,我不愿意加班,想把活儿推给同事,或者第二天再办,我们上司就不高兴了,说什么不愿意加班的员工不是好员工。我到公司一年多了,天天加班,我也不能一辈子就这么活着呀,我想了,这个工作我不干了。

   回答问题：
   (1) 这段对话的主要内容是什么？
   (2) 录音中对领导用了几种称呼？
   (3) 昨天下班时,女的碰上了什么事？
   (4) 公司领导认为什么样的员工不好？

2. 起因： 忍无可忍：

   双阳和小王谈了两年恋爱终于分手了,是小王提出来的,起因是周日小王不愿意陪双阳逛商店。

   双阳爱逛商店是出了名的,每个周末都要逛,星期六逛完星期天还要逛。小王早就有点儿受不了了,可又没办法。这个周末,小王和双阳商量,能不能只逛一天店, 双阳就哭闹起来, 还说什么小王根本不是真心喜欢她,要是真心爱她,肯定会陪她逛的。小王忍无可忍就和双阳彻底断了。我倒是觉得,这样也好,女人也不能太不讲理了。

回答问题:
(1) 这段话的主要内容是什么?
(2) 小王和双阳闹别扭的原因是什么?"起因"是什么意思?是哪两个汉字?
(3) "忍无可忍"是什么意思?是哪几个汉字?

3. 家长:(家长会) 亲生:

男:干吗去呀?
女:给我女儿开家长会去。
男:这是你女儿吗?
女:是呀。
男:怎么长得不像呀!
女:仔细看看,亲生女儿,能不像吗?
男:细看,眼睛还是有点儿像。

回答问题:
(1) 女的去干什么?
(2) 女的给谁开家长会?
(3) 女儿和妈妈长得像吗?

4. 亲情:(骨肉亲情)

　　天天生活在父母身边的时候,从来没觉得有什么好,妈妈每天为我做的一切,我都觉得平平常常。父母的关心,有时会让我觉得很烦,甚至会觉得限制了我的自由。离开家,一个人远在国外,才知道家有多么好,父母为我做的一切是多么值得珍惜,而且越来越觉得骨肉亲情是世间最值得珍爱的。

回答问题:
(1) 这段话的主要内容是什么?
(2) "骨肉亲情"是什么意思?是哪几个汉字?

(一)

女：据说你小时候挺爱撒谎的,为这你没少挨你妈的骂和打,是吗?

男：基本上不骂,她直接打。她最不能容忍的是我犯那种品质上的错误,或者原则上的错误。比如说有一次,我放了学后没回家而去看电影了,我到现在都记得电影的名字,一部是《大闹天宫》,一部是外国的《海底擒谍》。当时我看得津津有味。看完天已经黑了,我就想回家怎么交代,我就准备编一个瞎话,这个瞎话现在已经忘了,肯定是编得不太好,因为我还没有说完,看我母亲脸色就变了,然后她拿起一笤帚就打我。哎哟,打得那狠,那天晚上我是趴着睡觉的,整个屁股都打肿了。以后可能还撒过这样的谎,每次撒谎,母亲都要揍,她觉得像这种品质上的问题一定要纠正过来,所以我就越长越憨厚,越长越实在。

(摘自淳子《决不演戏》一文)

根据录音内容选择正确答案:

1. 男的小时候为什么挨打?
 A. 不上学　　　　　　B. 看电影
 C. 不实在　　　　　　D. 说瞎话 ✓

2. 母亲不能容忍孩子的什么问题?
 A. 爱骂人　　　　　　B. 没原则
 C. 乱说话　　　　　　D. 品质差 ✓

（二）

主 持 人：你好，女儿在家也这么厉害吗？

母　　亲：嗯，这还是收敛着点儿呢，在家跟我顶嘴，把我顶得哑口无言。

主 持 人：为什么那样呢？因为您根本没有关心她？

母　　亲：那简直是瞎话，(绝对)亲生母亲怎么可能不关心自己的孩子呢？她老说我关心她的吃、穿、冷暖，没有关她的心，但是，我觉得我关她的心了。

主 持 人：刚才她自己呀，已经说，她不太关心你，可是您却说她的缺点就是不太会刷碗。

母　　亲：嗯，她说她没有关心父母，我(这)今天听了很吃惊，我没有感觉到她不关心我们。

主 持 人：肯定是您的要求太低了。

母　　亲：对。

女　　儿：我所说的不关心是指，(就是说)现在(就是你)，我的母亲和我的父亲在想什么呢？(但是)我可能并不知道，但是好像我也张不开口去问："爸爸妈妈你们现在在想什么？"或者说"你们现在有什么，啊，想对我说的话？有什么烦心事？"

主 持 人：那么，(这个)母女为什么不能有这种交流呢？

女　　儿：这就(是)可能是从小(这样养出来的)，养成的这个习惯吧，因为(就是)从小我有心里话，我就不对父母说。(那么)我觉得这个原因，可能是不是……嗯，因为我觉得孩子他毕竟是后天的啊，我觉得这个原因还是在家长的……

主 持 人：英壮你来评价一下。

英　　壮：我觉得也是有点儿忒不像话了！(这个)有点儿啊，(有点儿这个)站着说话不腰疼，(这个)饱汉子不知饿汉子饥，有点儿这个。因为，她说啊，(你，你，)父母只是关心我吃，关心

我穿,只是给我零花钱,烦、烦,我烦,我烦这些事!不给你,不给你你干吗?绝对不干!嗤!您知道吗?但是他现在给她了,她认为,哎呀,我还要向父母索取。

主持人:对!

(选自中央电视台"实话实说"节目)

根据录音内容选择正确答案:

1. 关于文中的母女,以下哪句话正确?
   A. 母亲从不关心女儿　　　　B. 女儿在家从不洗碗
   C. 母女互相不太了解 ✓　　　D. 女儿非常关心母亲

2. 女儿对父母怎么样?
   A. 不和父母说话　　　　　　B. 不和父母交流 ✓
   C. 看见父母就烦　　　　　　D. 常和父母说谎

3. 英壮怎么评价这对母女?
   A. 女儿不应该讨厌父母　　　B. 父母的关心方式不对
   C. 父母给女儿的钱太少　　　D. 女儿对父母要求过分 ✓

你心中谁最重要?

① 三年前,我和母亲吵过一架,那是很伤感情的一架。起因是我工作太忙,忙得没时间经常去看她,即使去看她,也是从一进门就电话不断。那一次,从她做饭开始我就在打电话,是和我的一位

上司，凡是在职场干过的人都知道，这种电话是多么重要。我妈妈的脸色越来越难看，最后几乎是把饭菜摔在桌子上。其实，我已经委婉地暗示过我的领导，但头儿显然没搭理我的暗示，是啊，麻烦事摆在那儿了，否则谁愿意大礼拜天的跟下属费唾沫星子谈工作？

② 我捂着电话对我妈小声说明这个电话的重要性，但我妈已经忍无可忍了，她当然愤怒。她打电话到我的办公室，常常才说两句话就被我挂断，在挂断之前我总是那句话："妈，我正忙，一会儿给你打。"然后这"一会儿"可能是一个小时，一天，一个星期，甚至可能是妈妈下次再打来电话。不是我故意的，我是真的忙，忙得连上厕所都一路小跑。

③ 那个星期天，我妈新仇旧恨涌上心头，说出的话句句悲愤："你心里还有这个家吗？还有你妈吗？你妈跟你打电话你永远忙，忙得都没时间听我把话说完！"我泪如雨下，对她说："现在到处都在说，不爱加班的员工不是好员工，你让我怎么办？你以为我是公主？皇亲国戚？您是皇上他妈？"

④ 那次吵完之后，我和我妈好长时间没话说，我知道我伤了她的心，但是，我也是没办法。我气就气在她活了一辈子，怎么就不懂得作为小平民百姓往上打拼的艰难？

我照样上班，照样忙，甚至忙到连周六周日全搭上。我对妈妈的愧疚就是用钱弥补。我们在同一个城市，但我是通过邮政表达我的孝心。我妈是个倔强的母亲，她给我打电话，说："你心里要是没有我这个妈，就不用寄钱。"我也倔强，说："我寄钱是为了我自己心里舒服一些。"

⑤ 那时候，如果要排个次序，实事求是地说，我心中最重要的不是亲情，当然会有很多人把亲情放在口头，排在第一位，但在实际生活中，他们和我一样，总是先顾老板，再顾客户，然后是朋友、同事、有价值的人……

一个好朋友曾对我说，只有事业成功的人，才有资格享受亲情。普通人重亲情，那就活该失败，活该过苦日子，因为你连亲情的

代价都不愿意付出,你凭什么成功?

⑥ 那时候,我认为他说得对,直到有一天,我忽然病了,病得很重,在医院里呆了半年,身边的人最后只剩下母亲和老公。直到这时候,我忽然明白,世界上对你最重要的人,其实就是你的亲人,无论你们之间曾经发生过什么。

(根据高翔同名文章改写)

一、听全文,回答问题:

1. 母女为什么吵架?

2. 女儿心中谁最重要?

二、根据第一段内容,回答问题:

"我"去看妈妈时,为什么和妈妈吵起来了?

三、根据第二段内容,回答问题:

妈妈给"我"打电话时,"我"常常怎样?

四、根据第三段内容,回答问题:

1. 那个星期天,妈妈生气的理由是什么?

2. 那个星期天,"我"生气的理由是什么?

第八课

五、根据第四段内容,回答问题:

吵架之后,"我"怎样表达对妈妈的愧疚之情?

六、根据第五段内容,回答问题:

课文中的"我",把事业放在第一位,还是把亲情放在第一位?

七、根据第六段内容,回答问题:

"我"生病后明白了什么道理?

八、听录音,选词填空:

1. 三年前,我和母亲吵过一架,那是很( )的一架。
   A. 伤感情 ✓   B. 伤感   C. 上敢情

2. 其实,我已经委婉地暗示过我的领导,但( )显然没搭理我的暗示。
   A. 透   B. 都   C. 头儿 ✓

3. 我捂着电话对我妈小声说明这个电话的重要性,但我妈已经( )了,她当然愤怒。
   A. 忍无可忍 ✓   B. 认无可认   C. 很无法忍

4. 那个星期天,我妈( )涌上心头,说出的话句句悲愤:"你心里还有这个家吗?还有你妈吗?你妈跟你打电话你永远忙,忙得都没时间听我把话说完!"我泪如雨下,对她说:"现在到处都在说,不爱加班的员工不是好员工,你让我怎么办?你以为我是公主?皇亲国戚?您是皇上他妈?"
   A. 新仇旧恨 ✓   B. 心头的狠   C. 心中的恨

5. 那时候,如果要排个次序,实事求是地说,我心中最重要的不是亲情,当然会有很多人把亲情放在口头,排在第一位,但在实际生活中,他们和我一样,总是先顾老板,再顾客户,然后是朋友、同事、有( )的人……
   A. 夹子   B. 架子   C. 价值 ✓

第九课　唐太宗李世民

词语链

1. 餐馆儿：　餐饮：(餐饮业)　宫：(宫廷,宫室)　饮食：(饮食业)

　　北京有很多有名的餐馆儿。要是问北京人,最有北京特色的餐馆儿是哪里,北京人能给你数出一大堆:北京烤鸭店、清真烤肉宛、砂锅居、东来顺。北京还有贵族气十足的宫廷菜,体现了北京曾经800年为都的历史特点。过去宫廷菜只有在宫室中才可享用,今天宫廷菜已流入民间,北海公园的仿膳就是一家这样的餐馆儿。

　　要是有人问:北京餐饮业的特点是什么？北京人会直接把你领到街上:北京街头大小餐馆儿不计其数,东西南北风味异彩纷呈,在北京吃十分方便,在北京尝遍全国各地有名的特色菜更是方便。这既是北京饮食业的一大特点,也是北京饮食业的一大骄傲。

回答问题：
(1) 这段话的主要内容是什么？
(2) "餐饮业"、"饮食业"是干什么的？是哪几个汉字？
(3) 你还能说出带"业"的词吗？
(4) 宫廷菜是什么菜？以前百姓能吃到宫廷菜吗？

2. 火：(起火)　前：(前人)

　　故宫里有一些很大很大的大缸,很多人不知道它是干什么用的,养花还是养鱼？错了,都不是,那是故宫的消防器材,也就是说,以前那缸里的水应该永远是满满的,一旦起火,人们就用缸里的水救火。前人的想法也真够绝的。

　　北京100年前有了自来水,是慈禧太后老觉得用大缸里的水灭火不可靠,火着大了,那点儿水顶什么用呀！北京就修了自来水。自来水是给皇帝修好了,可皇帝吃的还是天天从玉泉山拉进城的泉水,人家皇帝说了,自来水不好喝。

回答问题：

(1) 这段话的主要内容是什么？

(2) 你能说出"起火"的同义词吗？

(3) "前人"是什么意思？是哪两个汉字？

3. 原本： 车轮： 可想而知： 现状：

　　那条路问题很大，只要一下雨，司机们就得想尽办法绕路而行，因为那地方原本就比别处低，路边的排水系统又不好，一下雨就积水，雨稍微大一点儿，积水就比车轮还高，车当然就走不动了，雨后堵车的状况可想而知。目前，百姓最最希望的就是改变这一现状。

回答问题：

(1) 这段话的主要内容是什么？

(2) 说出"原本"的近义词。你认为"原本"是哪两个字？

(3) "车轮"是什么？

(4) "可想而知"是什么意思？是哪几个汉字？

4. 恢复：(复原)　在……心目中：　用具：(学习用具)　人力：(物力，财力)

男：你知道吗，咱们小学的刘小风病了，还做手术了。

女：病得还挺厉害的，恢复得怎么样啊？

男：恢复得还行，基本复原了。

女：在我心目中，刘小风是个手特巧，特有办法的人。你还记得吗？咱们上小学的时候，他的铅笔盒、尺子、刀子，好多学习用具都是他自己做的。

男：我还记得他的书包也是自己做的，有好几个兜儿，把我给羡慕的，我的书包一个兜儿都没有。

女：听说他后来到了工厂，在工厂搞成了好几项技术革新，给厂里节省了不少人力、物力、财力。

男：是啊，后来他不就当厂长了吗。

回答问题：

(1) 刘小风是个什么样的人？

(2) "在我心目中"这句话同样的意思，还可以怎么说？

(3) "学习用具"包括什么？

(4) 刘小风搞的技术革新带来了什么好处？

5. 运送:
    男:我和几个朋友买了新电脑,淘汰下来的电脑也没处放,就想一块儿运送到农村的学校,给那儿的孩子用,你说这想法怎么样?
    女:我说不怎么样。
    男:为什么?
    女:你想啊,你们的电脑要是好用能淘汰吗?农村修电脑肯定不方便,你们的破电脑要是出了问题,让那儿的孩子怎么办?
    男:你说的也对。
    女:要我说,你们真想帮人家,就送人家好的、新的,旧的干脆别送。
回答问题:
男的想把旧电脑弄哪儿去?

（一）

　　大家读《论语》会发现,这里面经常出现一个词:君子。我们直到今天还常常把"君子"作为我们做人的一个标准,说某某人真是个"君子"。但是究竟什么是君子呢?

　　"君子"是孔子心目中理想的人格标准,一部短短两万多字的《论语》,"君子"这个词出现了一百多次。

　　我们把孔子对君子所有的言语、描述总结在一起,会发现,成为一个君子要有这样的要求:

　　做一个善良的人,这是君子的第一个标准。

　　君子的力量始自人格与内心。他的内心完美、富足,先完成了自我修养,而后表现出来一种从容不迫的风度。

　　司马牛曾问孔子,什么样的人才能够称为君子呢?

　　孔子答:"君子不忧不惧。"

　　司马牛又问:"不忧不惧,就可以叫君子吗?"

　　他可能觉得这个标准太低了。

孔子的回答是:好好想想你做过的事情,没什么可愧疚的,当然没有什么可忧可惧的。

我们把孔子的意思换成老百姓的话来说,就是"不做亏心事,半夜敲门心不惊"。

一个人反省自己的行为,而能够不后悔、不愧疚,这个标准说低也低,我们每个人都可以做到;说高就是个至高无上的标准,大家想想,要使自己做过的每件事都禁得住推敲,实在又是极不容易的事。所以孔子才把它作为君子的人格标准。

(根据于丹《于丹〈论语〉心得》改写)

根据录音内容选择正确答案:

1. "君子"这个词是什么时候有的?
   A. 孔子之前就有　　　　　B. 课文中没有说 ✓
   C. 今天的人发明的　　　　D.《论语》发表的时候

2. 成为"君子"的条件之一是什么?
   A. 内心善良 ✓　　　　　　B. 生活充实
   C. 从来不后悔　　　　　　D. 什么都不怕

(二)

一道最普通的鱼香肉丝,你能品出七八种味道来;一道并不奢侈的东坡肘子,居然有十多种做法。眼下,饮食业的这种怪现状,已到了让人为中华美食文化皱眉的地步。难怪有人感慨:餐饮业如此发展下去,老祖宗留下来的那点玩意儿就要折腾没了。

粤鲁川淮四大菜系的上千道菜,是前人经过几百年,有些菜甚至是上千年总结出来的中华美食文化精华。这些菜谱经过几代、几十代厨师的操练,已达到炉火纯青的地步。比如说东坡肘子这道菜,早已入了菜谱。也就是说,在广州它是这么个做法,拿到上海、北京,甚至到了东京、纽约也应该是这么个做法。差了,它就不叫东坡肘子了。但是在南北菜大混战的今天,这道东坡肘子能让你在不同的餐馆儿吃出不同的味儿来。更有邪的,即使你在同一家餐馆儿,每次吃味儿也不一样,可你看菜单吧,分明写的就是"东坡肘子"。

咱们到底是应该赞美现在的人"青出于蓝而胜于蓝"呢?还是应该气愤,斥责他们太不本分,乱了中华美食文化的章法?

(根据达文《忧哉,蜕变的"美食"》改写)

 练 习

根据录音内容选择正确答案:

1. 对餐馆儿中菜名相同,味道不同这一现象作者是什么态度?
   A. 奇怪　　　　　　　　B. 气愤 ✓
   C. 感叹　　　　　　　　D. 赞美

2. 什么样的菜可以入菜谱?
   A. 历史很长　　　　　　B. 全国都有
   C. 十分完美 ✓　　　　　D. 味道多样

3. 作者认为真正的东坡肘子应该什么样?
   A. 味道不能够乱变 ✓　　B. 苏东坡做的肘子
   C. 青出于蓝而胜于蓝　　D. 各地有各地的特点

唐太宗李世民

① 旁：魏征大人到。

魏　征：臣魏征参见皇上。

李世民：哎，魏爱卿，你怎么晚到了？

魏　征：臣为了打听一件事情，以致来晚了，请陛下恕罪！

李世民：你打听什么事情啊？

魏　征：听说陛下准备征召民夫，重修洛阳宫，以便到东方出巡的时候居住，不知可有此事？

李世民：是呀，朕的确准备这么做。

② 魏　征：臣以为陛下尚未订出到洛阳出巡的日子就重修洛阳宫，不是今日迫切的事情。

李世民：怎么说？

魏　征：陛下，当初隋炀帝修洛阳宫的时候，近处没有巨大的木材，全是由遥远的南方运来的，2000多人拖一根柱子。开始的时候用木头做车轮，走不了多远，就摩擦起火。后来，又在轮子上加了一层铁皮，但是走了一两里，铁皮也就坏了。于是派了200多人，带着铁皮以及铁匠、用具跟在后头，轮子什么时候坏了，就换上新的。为了一根木头，前前后后就花了数十万的人工，其他就可想而知了。

　　陛下初平洛阳的时候，凡是隋宫中奢侈宏丽的东西，全部予以销毁。不到10年，却要重修洛阳宫。当初厌恶的，为什么现在反而要追求呢？况且，今天的人力、物力、财力，都不及当初的隋朝，陛下却要役使犹如大病初愈，尚未复原的百姓，重蹈隋朝的覆辙，其后果，可能更有甚于隋炀帝。

③ 李世民：好了，你说朕不如隋炀帝，那么比起夏桀、殷纣又怎么样呢？

魏　征：如果不停止修建洛阳宫，也同样要天下大乱。

李世民：对，对，朕考虑得不够成熟才会这样。原本朕是心想洛阳在国家中心，各级官员前来朝见，各地运送税捐，地点比较适中，本来是想方便百姓，才准备修建宫室。魏爱卿说得很有道理，同时也提醒了朕，应该立即停止。日后，或者是有事情去洛阳，即使露宿在外，也没有什么关系。这件事的确是朕考虑欠周详，魏爱卿说得有道理，说得对。

(根据电视剧《唐太宗李世民》改写)

一、听全文，选择正确答案：
本文的主要内容是什么？
A. 魏征劝李世民不要浪费 √
B. 魏征给李世民讲了个故事
C. 李世民和魏征商量建宫殿的事

二、根据第一段内容，选择正确答案：
1. 皇帝怎么称呼魏征？
   A. 魏征　　　　　　　　B. 陛下
   C. 魏爱卿 √　　　　　　D. 臣魏征

2. 魏征来晚的原因是什么？
   A. 了解事情 √　　　　　B. 修建宫殿
   C. 去招民工　　　　　　D. 准备出差

三、根据第二段内容,回答问题:

1. 当初洛阳宫是谁修建的?

2. 洛阳宫的木料是从哪里运来的?

3. 多少人运一根柱子?怎么运?

4. 运输柱子的过程中怎么会起火?人们想了什么办法?

5. 加铁皮后又出现了什么问题?他们这次是怎么办的?

6. "运一根木头花数十万人工"和"运一根木头要数十万人"一样吗?

7. 李世民打败隋炀帝,平定洛阳的时候做了什么事?

8. 初平洛阳到现在(魏征说话的时候)有多久了?

9. 魏征说服李世民不该建洛阳宫理由有二,都是什么?

四、根据第三段内容,判断正误:
1. 夏桀、殷纣曾弄得天下大乱。　　　　　　　　　　　(√)
2. 洛阳地处国家中心。　　　　　　　　　　　　　　　(√)
3. 李世民重建洛阳宫是想自己享受。　　　　　　　　　(×)
4. 李世民决定以后去洛阳就露宿。　　　　　　　　　　(×)
5. 李世民从来就认为皇帝露宿没什么了不起的。　　　　(×)
6. 李世民承认自己错了并立即纠正。　　　　　　　　　(√)

五、根据全文内容,选择正确答案:
1. 从魏征劝说李世民的话中,我们了解到了什么?
　　A. 这时很多老百姓生病刚好　　B. 这时唐朝的财力比隋朝强
　　C. 隋朝修建洛阳宫时翻过车　　D. 这时唐朝国力民力都很弱 √

2. 从课文中我们了解到李世民是个什么样的皇帝？
   A. 贪图享受　　　　　　　　B. 奢侈浪费
   C. 不爱护百姓　　　　　　　D. 肯接受意见 ✓

3. 从课文中我们了解到魏征是个什么样的大臣？
   A. 说话厉害　　　　　　　　B. 忠诚正直 ✓
   C. 心眼不坏　　　　　　　　D. 花钱小气

六、听录音,选词填空：

1. 听说陛下准备征召民夫,重修洛阳宫,以便到东方出巡的时候居住,不知(　　)有此事？
   A. 可 ✓　　　　　　B. 何　　　　　　C. 和

2. 臣以为陛下尚(　　)订出到洛阳出巡的日子就重修洛阳宫,不是今日迫切的事情。
   A. 没　　　　　　　B. 回　　　　　　C. 未 ✓

3. 为了一根木头,前前后后就花了数十万的人工,其他就(　　)而知了。
   A. 可想 ✓　　　　　B. 可先　　　　　C. 渴想

4. 如果不(　　)修建洛阳宫,也同样要天下大乱。
   A. 通知　　　　　　B. 停止 ✓　　　　C. 同时

第十课 明主与贤臣

词语链

1. 苦恼： 教书： 到点： 好多：

   男：张老师,最近有什么不高兴的事吧？怎么老是愁眉苦脸的？

   女：实话跟你说吧,我心里还真的挺不痛快。

   男：什么事呀？值得这么苦恼？

   女：我教书教了20年,从来没碰上过这样的学生,他们给我提意见,说我到点不下课,老拖堂,你说有这样的学生吗？不下课我也是为他们好呀,多教他们点儿知识不好吗？再说了,他们休息不成,我不是也休息不了吗？现在的学生就是不爱学习！

   男：张老师,我劝劝您吧,这事您可别怨学生,我听好多学生说过,您把下课的时间都占了,弄得学生上厕所的时间都没有,您以后该下课就下课,让学生休息休息,您自己也喘口气。

   回答问题：
   (1) 这段对话的主要内容是什么？
   (2) 说出"苦恼"的近义词。
   (3) 录音中女的说自己是干什么的？
   (4) "到点不下课"中的"到点"是什么意思？是哪两个汉字？
   (5) "好多学生"中的"好多"是什么意思？

2. 明君： 明主： 圣主： 昏君： 忠臣： 贤臣： 奸臣：

   男：中国古代称呼好皇帝有好多好听的词哈。

   女：嗯,不少,什么明君、明主、圣主。

   男：那坏皇帝叫什么呀？

   女：昏君。

   男：哪个"hūn"呐,是不是骂人的时候说的那个"混蛋"的"混"？

   女：不是,是"昏迷"的昏,意思是糊涂、笨。

男：这词有意思,挺文雅的就把皇帝给骂了。皇帝身边的好大臣叫什么呀?

女：忠臣、贤臣。

男：那坏大臣呢?

女：奸臣。

男：我们这一课的题目是"明主与贤臣",我猜"明主"是好皇帝,"贤臣"是好大臣,对吗?

女：你说对了!

回答问题：

按录音把下列词分类,只填数字就可以。

① 明君　② 贤臣　③ 昏君　④ 明主　⑤ 忠臣　⑥ 奸臣　⑦ 圣主

好皇帝	好大臣	坏皇帝	坏大臣
①④⑦	②⑤	③	⑥

3. 包装：(包装纸)　　新名词：

女：我发现现在什么都讲究包装,你买个东西吧,里三层外三层的净是包装纸,东西不大,盒子不小。包装来包装去,都包装到人身上来了,演员也要包装。

男：演员咱也可以不叫包装,叫形象设计,您听着舒服了吧?

女：我想问你,你们说的这包装和骗人有什么区别呀?

男：当然有区别了,这演员不包装上台也不漂亮呀。就好像您上美容店,专业美容师给您设计一下,打扮一下,您再出来就不一样了,这也可以说是包装啊。

女：那就说形象设计不就完了吗,干吗非得包装包装的,让人觉得好像又多了个新名词似的。

男：现在大伙儿说的包装啊,还不光指形象设计,比如说,一部新电影、一本新书、精心设计的各种宣传方式,都可以叫包装。

女：那现在常说的包装,可以理解成对人或者电影之类的东西,为了让它更吸引人,从形象上进行的美化?

男：这个解释好。

回答问题：

(1) 录音中提到了"包装"这个词的几种用法?

(2)"包装"能算新名词吗?

(3)你认为什么样的词算新名词?试着举个例子。

4. 自我批评:

你们俩之间的矛盾我都了解,如果你们双方都认为自己没缺点,都是对方的不对,你们之间的问题永远也解决不了。我建议你们俩别老觉得自己有理,多想想自己什么地方有问题,多做做自我批评,这样,你们之间的问题就不是问题了。

回答问题:

"自我批评"是什么意思?是哪几个汉字?

（一）

为了提高当地农民种葡萄的技术,长城公司把城里的专家请到乡下来。我国著名的葡萄专家晁无疾就是其中的一位。晁教授患有严重的关节炎,爬坡上山对他来讲真是太难了,但是他听了长城公司的想法,知道农民需要他时,竟一瘸一拐地上山来了。家里人不放心,每次都将阴天下雨用的药包挎在他肩上。在老教授的指导下,这里的农民彻底改变了(过去)大肥大水浇灌葡萄的现状。

根据录音内容选择正确答案:

1. 晁教授上山的原因是什么?

    A. 农民了解他   B. 农民需要他 ✓

    C. 上山搞研究   D. 上山去治病

2. 晁教授上山家里人为什么不放心?

    A. 山上没有药   B. 他不能爬山

  C. 他的腿有病 √   D. 山上条件差

3. 这里的农民以前种葡萄的方法有什么问题？
  A. 舍不得多浇水   B. 舍不得多上肥
  C. 没跟晁教授学   D. 浇水、上肥太多 √

（二）

女：您是教书的？那我就叫您张老师吧。

男：别别别，叫我老张就行。

女：您教什么呀？

男：教历史。

女：哟，教历史好，我上学那会儿就喜欢历史课。我们高中的历史老师是个女的，老太太，历史讲得特有意思，跟讲故事似的，我们班好多同学就盼着上历史课。

男：我可没你们历史老师那福气，我好长一阵子对历史课特苦恼。我教高一历史，学生就盼着高一历史考试对付完了，高二没历史课，就不用受罪了。学生就不愿意背东西，可历史考试怎么也得记呀！平常我们上课，你看吧，每次都有睡觉的。

女：一门课，有人喜欢有人不喜欢，这很正常，有三五个睡觉的也不奇怪。

男：哪儿是三五个呀。

女：那有多少睡觉的呀？

男：你得问有多少不睡的。

女：有多少不睡呀？

男：十个八个吧。

女：哟，那上课净睡觉也没法考试呀。

男：所以，这些学生我也闹不懂，要是我，越考试越得好好儿听呀。

女：是呀，那您怎么办呀？急？骂他们？

男：那不越骂越烦呀！我呢，就想，评书讲的都是历史，怎么大伙都爱听呢？我有时候打车，看见出租司机到点就打开收音机听评书,我一问,敢情一天不落,天天准时接着听。我就好好儿研究了一下评书的讲法,发现那评书说得就是生动,吸引人,我就改进了一下讲课的方法,还真见效。

女:其实您说话就挺生动的,历史讲得准好听。

男:谢谢你的表扬。

练 习

根据录音内容选择正确答案:

1. 男的和女的是什么时候认识的?
   A. 刚刚认识 ✓   B. 读中学时
   C. 坐车的时候   D. 考试的时候

2. 女的对历史课是什么印象?
   A. 历史课好教   B. 特别有意思 ✓
   C. 大家都会喜欢   D. 女老师讲更好

3. 男的教历史有过什么苦恼?
   A. 很多内容得背   B. 多数学生睡觉 ✓
   C. 还得应付考试   D. 有的学生很烦

4. 人们为什么爱听评书?
   A. 喜欢历史   B. 不用考试
   C. 讲得好听 ✓   D. 天天都讲

明主与贤臣

学　生:李老师,我们在看历史题材的影视剧的时候经常感到,皇帝身边好人和坏人之间的斗争特别激烈。如果坏人得宠,这段历史就比较糟糕了;如果好人得势,情况就会大不一样。

李老师:你说得对,这就是历史上一直存在着的忠奸斗争,也是自始至终困扰封建时代知识分子的一个问题。历史上,中国的读书人走的不外乎一条路——读书、做官。所谓好官、忠臣,要建功立业,实现自己的理想、抱负;坏官、奸臣呢,干的是贪赃枉法的事,为的是自己享乐。这两种人既然都要靠做官来实现自己的愿望,都在皇帝身边转来转去,他们之间的斗争就是必然的了,当然也会很激烈。

学　生:所以中国历史上从屈原到李白、杜甫,不管是政治家、文学家,还是什么家,都有一种铭心刻骨的遗憾,实际上是感慨他们自己没有好运气,是吧?

李老师:对,皇帝身边的那些忠臣,要实现他们的政治理想,途径只有一个,就是取得皇帝的信任,让皇帝采纳他们的意见。这就需要皇帝是个明白事理的好皇帝,就是我们常说的"明君"、"圣主"。这还不够,还需要贤臣有胆识。中国封建社会皇帝对大臣永远处于统治地位,"君叫臣死,臣不敢不死"。正因为有这么一套礼,而且礼法森严,所以敢于给皇帝提意见,就是所谓冒死进言的贤臣,就为数不多了,不少人只会阿谀奉承,围着皇帝拍马,专拣皇帝爱听的说。

学　生:所以像唐太宗李世民和魏征这样一对君臣,一个能及时修正自己的错误,一个能及时指出皇帝的错误,在历史上也是很难得的。这也就成了古代许多知识分子梦寐以求的一种理想。

李老师:是的,中国的历史也一再证明,如果皇帝身边的奸臣、小人太多了,这个皇帝也就离做亡国之君不太远了,比如夏桀、殷纣。

学　生:其实用我们今天的话说呢,那时候需要的是批评和自我批评的民主气氛,这样会使政治更为清明,决策少出错误。还有一点更重要,就是不能用错人,如果在用什么人的问题上出了岔子,就什么都完了。

李老师:你这话有意思,给古代的事儿都包装上今天的新名词了。

 练 习

一、听全文,回答问题:

  1. 中国历史上一直存在一种什么现象?

  2. 忠臣和奸臣的区别是什么?

二、根据课文内容,判断正误:

  1. 皇帝身边的忠臣被重用,国家就会发展、兴旺。（√）
  2. 皇帝身边的奸臣被重用,国家就会充满黑暗。（√）
  3. 中国古代知识分子就想做官发财。（×）
  4. 历代忠臣都做过贪污受贿、违法乱纪的事。（×）
  5. 历代的忠臣、奸臣都打架。（×）
  6. 屈原、李白、杜甫都不是奸臣。（√）
  7. 给皇帝提意见有时会有生命危险。（√）
  8. 李世民、魏征是中国历史上一对有名的君臣。（√）
  9. 大臣都很会说话。（×）
  10. 夏桀、殷纣是历史上有名的坏皇帝。（√）

三、根据课文内容,选择正确答案:

  1. 历史上好官、忠臣的理想是什么?
    A. 接近皇帝   B. 建功立业 √
    C. 改变历史   D. 享受生活

  2. 奸臣为什么要做贪赃枉法的事?
    A. 实现理想   B. 建功立业
    C. 贪图享乐 √   D. 精神愉快

3. "这两种人都在皇帝身边转来转去"是什么意思？
   A. 他们都很接近皇帝 √　　　B. 他们每天都要上班
   C. 他们每天都跟着皇帝　　　D. 皇帝在哪他们也在哪

4. 以下哪一项是"圣君"、"明主"的特点？
   A. 信任忠臣 √　　　B. 比较懂事
   C. 喜欢别人拍马　　　D. 爱听别人说话

5. "君叫臣死,臣不敢不死"是什么意思？
   A. 忠臣勇敢,不怕死　　　B. 很多忠臣都死了
   C. 皇帝让谁死谁就得死 √　　　D. 好皇帝不让忠臣死

6. 封建社会什么样的大臣不多？
   A. 说话特别艺术的　　　B. 给皇帝拍马屁的
   C. 敢给皇帝提意见的 √　　　D. 不遵守封建礼法的

7. 为什么说李世民、魏征这样的君臣很难得？
   A. 他们都有理想　　　B. 皇帝非常听话
   C. 魏征非常能说　　　D. 好君臣相遇了 √

8. 中国历史一次又一次证明什么？
   A. 皇帝最后都丢了王位　　　B. 皇帝都和小人合得来
   C. 夏桀、殷纣是有名的小人　　　D. 皇帝跟着小人走会亡国 √

9. 皇帝重用了小人会怎么样？
   A. 犯大错误 √　　　B. 多走弯路
   C. 不够民主　　　D. 被赶下台

第十一课 从"阴阳"说开去

词语链

1. 意译词:(意译) 音译词:(音译) 并用:
   男:你能不能告诉我,汉语里的意译词指的是什么词?
   女:举例说吧,"电话"就是个意译词,这两个汉字的意思中国人都懂,它又是按汉语造词的方式组合成的。
   男:噢,意译词这几个字应该是意思的"意",翻译的"译",词汇的"词"吧?
   女:对。
   男:那音译词我也明白了,应该是和外语的发音有关系吧?比如,外国的人名好多都是音译,再比如,"克隆"这样的词,也是音译。
   女:对。汉语里还有极少数意译、音译同时并用的情况。
   男:同时并用?
   女:对呀,比如"出租车"是意译词,人们常说的"的士"是音译词,这两个词现在都在用。
   男:那今天大伙儿说的"打的"的"的"就和"的士"的"的"有关系吧?
   女:没错。

   回答问题:
   (1) 按录音把下列词分类,只填数字就可以。
      ① 电话   ② 外国人名   ③ 的士   ④ 出租车   ⑤ 克隆

意 译 词	音 译 词
①④	②③⑤

   (2) "意译、音译同时并用"中的"并用"是什么意思?是哪两个汉字?

2. 用法： 工程： 总量：
   男：现在有些词用法越来越奇怪了,比如没花可以叫"花园",现在大伙儿住的小区就都叫"花园",什么"武夷花园"、"天秀花园"。
   女：这肯定都是一些新小区,我想,这么叫是希望人们居住的环境美得像花园似的吧。
   男：那"工程"呢?原来一说工程,想到的准是盖大楼、修水库。现在可好,什么"菜篮子工程"、"扶贫工程"、"希望工程",跟原来的意思一点儿没联系了。
   女：要说联系,也不是没有,现在用的"工程"也得是投入巨大人力、物力的工作,比如"菜篮子工程",要解决城镇那么多人的蔬菜、副食品供应问题;"希望工程"要解决贫困家庭孩子念书的问题,这么大的事,也确实可以称得上是个工程了。
   男：要是这么说的话,也有道理,帮助贫困地区走出贫困,这"扶贫工程"就更大了。
   女：好在这样的词总量也不多。

   回答问题：
   (1) 这段对话的主要内容是什么?
   (2) "用法"是什么意思? 是哪两个汉字? 你还能说出带"法"的词吗?
   (3) "总量"是什么意思? 是哪两个汉字?

3. 称作： 衰：(衰弱,衰老,衰退) 盛：(茂盛,盛年,旺盛)
   男：汉语"阴"、"阳"这两个词现在可以用在好多地方,最开始它是什么意思呀?
   女：最开始就是朝向太阳的一面称作"阳",背向太阳的一面称作"阴"。
   男：也就是所谓的"向日为阳,背日为阴"?
   女：对。
   男：所以,我们把住的楼房朝南,阳光充足的,也就是中国人说的朝阳的屋子叫"阳面的房间",把照不到太阳的屋子叫"阴面的房间"。
   女：是这么回事。
   男：那山也有阴面和阳面吗?
   女：当然了。
   男：汉语还有两个词,我不知道自己理解得对不对。我们学过"衰弱",还学过"植物长得很茂盛"中的"茂盛",我老觉得"衰"和"盛"这两个词有点儿什么关系。

女：你说对了，这是一组反义词。人身体不好可以说"衰弱"；人老了，身体和精力都不行了，可以说"衰老"；经济由好转坏，可以说"衰退"。

男：那像我这样的小伙子怎么说呀？

女：正在盛年，精力旺盛。

回答问题：

(1) "向日为阳，背日为阴"是什么意思？"日"是什么意思？

(2) 对话中提到的两组反义词分别是什么？

(3) 对话中说了哪些带"衰"的词？你还能说出其他带"衰"的词吗？

(4) 对话中说了哪些带"盛"的词？你还能说出其他带"盛"的词吗？

4. 编写：

一种观点认为，现在我们的儿童文学作家不少，但是编写不出多少孩子们喜欢的儿童文学作品。

回答问题：

说出"编写"的近义词。"编写"是哪两个汉字？

5. 界：(自然界)

有人说花草树木也有感情，人伤害它们，它们也会伤心、流泪，也会哭。对于自然界的万事万物，我们总有些说不清楚，但我觉得不管它们会不会哭，我们人类都不应该伤害它们。

回答问题：

"自然界的万事万物"中的"自然界"是哪几个汉字？"万事万物"是什么意思？

6. 首创：

今天，我们已经不知道谁首创了中国电视中的谈话节目，但经过了这么多年，老百姓似乎已经离不开它们了，各种各样的谈话节目越来越多，也越来越受欢迎。

回答问题：

"首创"是什么意思？是哪两个汉字？

(一)

《现代汉语词典》,1958年6月开始编写,1960年出试印本。之后,几经修改,1978年底正式出版,国内183个印次,发行总量达2500万册,印量之多,流行之广,在世界辞书史上恐怕也屈指可数了。然而,随着中国的改革开放,语言变化之快更是令人难以想象,如反映新事物的词汇,什么歌星、倒爷、减肥、热点、安乐死;反映科技新发展的词汇:硬件、软件、计算机病毒;日常生活中的新词:举措、传媒、误区;还有一些新的简称、外来语,如彩电、环保、巴士、的士、托福、热狗、桑拿浴;更有一些近年来广泛应用的,中西合璧的新词,如B超、BP机、T恤衫、卡拉OK等。此次修订,《现代汉语词典》除旧布新,增收新词9000有余,删去旧词4000多个,现有词条总量为61000。这变化真是不小。

根据录音内容选择正确答案:

1. 为什么说《现代汉语词典》在世界辞书史上屈指可数?
   A. 修改次数多　　　　　　B. 出过试印本
   C. 流行范围广 ✓　　　　　D. 编写时间长

2. 文中令人难以想象的事情指什么?
   A. 词汇数量多　　　　　　B. 语言变化快 ✓
   C. 书中的新词多　　　　　D. 出版的词典多

3. 以下哪个是反映科技新发展的词汇？
   A. 歌星　　　　　　　B. 软件 √
   C. 传媒　　　　　　　D. 托福

4. 以下哪个是中西合璧的词汇？
   A. 倒爷　　　　　　　B. BP机 √
   C. 硬件　　　　　　　D. 托福

5. 以下哪个是日常生活中的新词？
   A. 环保　　　　　　　B. 巴士
   C. 传媒 √　　　　　　D. 托福

6. 以下哪个是新的外来语？
   A. 热点　　　　　　　B. MTV
   C. 误区　　　　　　　D. 托福 √

（二）

　　随着社会的变化，语言出现了空前繁荣的局面，新词语层出不穷，比如"休闲、克隆、追星族、因特网、爽、酷、作秀"等等。有的外来新事物有了意译名词后，又产生了音译词和它并用，如"出租车"和"的士"，而"的士"一词又产生出"打的"。还有一种词是旧有词汇延伸出了新的含义，用来表达新事物，如"工程"。这个词的词义扩大，构成了"希望工程、菜篮子工程、扶贫工程"等等。而KTV、WTO、CEO、PK等，应该算是汉语中一种更开放的新词了。不知不觉中，我们发现日语词也被引进了汉语，像什么"新登场、写真集、营业中"。

　　面对五花八门的新词，人们的看法也很不一样，态度宽容的认为，语言的发展变化和社会的变化紧密相关，并在词汇中很快反映出来，这也是语言文字和文化的生命力所在，当然，对混乱的现象也不能听之任之，关键是在尊重语言文字多元化的基础上，做好引导工作，千万不能一看不顺眼就一棍子打死。另一种观点则认为，目前，语言文字的混乱已达到无法容忍的地步，特别是像什么"酷"

啊、"秀"啊这样的，与汉语中原有词义和用法不一致的外来词，已经影响到了汉语的表意效果，它损害了中国文字的纯洁性，从某种意义上讲，动摇着中国文化的根基。

根据录音内容选择正确答案：

1. 以下哪个词的读音与 taxi 相近？
   A. 的士 √   B. 打的
   C. 出租车

2. "打的"这个词的产生与以下哪个词有关系？
   A. 的士 √   B. 目的
   C. 的确如此   D. 出租车

3. 以下哪个词汇中的"工程"是原有词义？
   A. 希望工程   B. 土木工程 √
   C. 扶贫工程   D. 菜篮子工程

4. 面对各种各样的新词，宽容者怎样认为？
   A. 不顺眼的应禁止   B. 社会变化太快了
   C. 应该一棍子打死   D. 可存在，但应引导 √

5. 还有一种观点是什么？
   A. 很多词没有文化   B. 有的词没有意义
   C. 应保持汉语的纯洁性 √ D. 很多词中国人不懂

从"阴阳"说开去

① 中国古代思想家认为,宇宙间万事万物,不管是物质的还是人事的,都存在着正反两种相互矛盾的力量,它们既是对立的,又是统一的,于是把它们称作"阴阳"。

② "阴阳"最开始指日光的向背,向日为阳,背日为阴。后来引申为寒暖、暗明。暖和、明亮称作"阳",寒冷、无光称作"阴"。正因为它们描述的是一种互为相反的现象,思想家们才借用它去描写事物中两个相互对立的方面,并将"阴阳"逐渐抽象成了具有哲学意义的概念,企图以它们之间的对立、消长、作用说明万物的生长和变化。

③ 比如,阴阳可以指自然界的天和地、日与月、昼和夜、寒与暑、春夏与秋冬;可以指人与人的关系,比如君臣、夫妻、男女;可以指数量的奇偶;也可以指动和静、死与生、人间与阴间。至此,汉语为什么把春天又说成"阳春",秋天又称作"阴秋"也就能够理解了;人们常说的"阳盛阴衰"或"阴盛阳衰",指的是谁盛谁衰也就不言自明了。那么,为什么把赋有男子汉气概的刚强之气称作"阳刚之气",你清楚了吗?

④ 本来,用"阴阳"之说解释自然,解释自然界的规律,解释天地万物,无疑是朴素的唯物主义观点,但是汉代儒学家董仲舒却首创了"阳尊阴卑"的思想。我们前面说过,"阴阳"本来可以指君臣、夫妻之间的关系,其中君、夫为阳,臣、妻为阴,根据"阳尊阴卑"的说法,君、夫很尊贵,臣、妻很卑贱,因而君对臣、夫对妻永远处于统治的地位。这种思想为维护封建社会的君权、夫权提供了理论根据,妇女地位低下在封建社会也就成了天经地义的事情。

 练 习

一、听全文,选择正确答案:
本文的主要内容是什么?
A. "阴"、"阳"是表示相反意义的词
B. "阴"、"阳"这组词适用的范围越来越广 √

二、根据第一、二段内容,判断正误:
1. 最开始朝着太阳称作"阴",背着太阳称作"阳"。　　　　　　(×)
2. 暖和、明亮称作"阳",相反则为"阴"。　　　　　　　　　　(√)
3. 阴阳表示相反的现象。　　　　　　　　　　　　　　　　　(√)
4. 后来,哲学家用阴阳表示相互对立的两个方面。　　　　　　(√)
5. 中国古代思想家认为,凡是对立的事物就绝不会是统一的。　(×)

三、先听第三段,想一想,然后填表:
1. 自然界中,"日月"、"昼夜"谁为阴,谁为阳?

自然界	阴	地	寒	秋冬	(月)	(夜)
	阳	天	暑	春夏	(日)	(昼)

2. 人与人的关系中,"夫妻"二人,谁为阴,谁为阳?

人与人的关系	阴	臣	女	(妻)
	阳	君	男	(夫)

四、先听第三段,想一想,然后回答问题:
1. "现在女的当老板的越来越多了,有的专业大学生中三分之二是女生,是不是真有点儿阴盛阳衰了?"句中的"阴盛阳衰"是什么意思?

2. 你认为什么样的男的算是有阳刚之气的男子?

五、根据第四段内容,判断正误:

1. 董仲舒属于汉代儒家学派。 (√)
2. 董仲舒第一个用"阴阳"解释自然,解释天地万物,解释自然界的规律。 (×)
3. 董仲舒之前没有"阳尊阴卑"的说法。 (√)
4. 董仲舒发展了"阴贵阳贱"的说法。 (×)
5. 按董仲舒的思想,臣可以统治君主。 (×)
6. 按"阳贵阴贱"的说法,妻子得听丈夫的。 (√)

六、听句子,用你学过的知识回答下列问题:

1. 丝绸衣服不要晒,要阴干。
   问题:丝绸衣服洗后可以晾在哪里?

2. 找个阴凉地儿歇一歇。
   问题:举例说明,可以在什么地方休息。

3. 这个人就喜欢搞阴谋诡计。
   问题:你会喜欢这个人吗?为什么?

4. 我就不喜欢阳奉阴违的人。
   问题:你认为"阳奉阴违"的人可能会做什么样的事?

第十二课 "地球博士"

词语链

1. AA：(天天,事事,人人,句句,字字) 脏：(脏水,脏字) 赃：(赃款,赃物,赃官)

   留学生：老师,我昨天看了一个电视剧,里面有这样一句话:"我天天告诉你,出门在外,事事要小心,可你就是不听",我觉得"天天"、"事事"这两个词很有意思,"天天"就是每一天,"事事"就是每件事,是吧?

   老　师：是。

   留学生：这样的词还有吗?

   老　师：有哇,比如"人人都要爱护我们赖以生存的地球","这些话我句句记在心里"。成语还有"字字千金","金"是"金钱"的"金",形容话很宝贵,多少钱都买不来。

   留学生：可也有一些词并不是这么有规律。我在电视剧里还听到过这么一段话,那是一个谈话节目,是说甘肃那个地方特别缺水,一点儿水早上妈妈洗完脸爸爸洗,爸爸洗完儿子洗,三个人洗完脸的脏水还舍不得倒,用来洗衣服,那"脏水"的意思就是"不干净的水";可是,"你说话可不能带脏字啊",这句话里的"脏字"好像指的是"骂人的话";我们还在报纸上看到过坏人的赃款、赃物要全部没收,收归国有,"赃款、赃物"应该指不是自己挣来的钱或东西,比如偷的或贪污的。

   老　师：你说的对。

   留学生：那这一大堆词我能不能这样理解,"脏"一个意思是"不正当的,不好的什么什么"像"赃款、赃物、赃官";另一个意思是"不干净",因为中国人也经常说骂人的人"嘴里不干净"。

   老　师：我想,这么考虑对理解、记忆词汇会有帮助。

回答问题：
(1) 听完这段话你想到了什么？
(2) "这是去年新栽的苹果树，棵棵都长得不错"中的"棵棵"是什么意思？
(3) "他说话从来不带脏字"句中的他有什么特点？

2. 亲友：(亲朋好友，亲朋)　聚：(聚会，聚餐)　餐：(野餐，聚餐，餐具)
　　选用：　一次性：　与此同时：　有害：(有害无益)　受害：(受害者)
　　　　近几年，同学、同事、亲朋好友聚会的越来越多，聚会方式也五花八门，什么晚会、野餐、外出旅游，还有一种方式就是聚到某个人家里去，大伙儿动手，做做饭，聊聊天，当然主要在聚，不在吃。而我发现，最后一种亲朋聚餐中，选用一次性餐具的越来越多了。当然，一次性餐具有它的好处，就是省事，铺上一次性桌布，摆上一次性杯盘、碗筷，吃完饭，桌布一兜，全扔了，不用洗碗。可与此同时我们也应该想到环保的问题。如果一次性餐具用的都是塑料制品，无疑对环境是有害的。破坏了环境，最终的受害者还是人类。如果一次性餐具用的是纸的，试想，纸的原料都是木材，而树木在我们国家是多么宝贵的资源啊，砍掉了树木，同样对人类有害无益，受害的还是我们。因此，我想告诉朋友们，亲友聚会时费点儿事，把吃完饭大家一起洗洗碗也当做一个聚会的内容，少用或不用一次性餐具。
　　回答问题：
(1) 这段话的主要内容是什么？
(2) 说出"亲朋好友"的近义词。"亲朋好友"是哪几个汉字？
(3) 录音中提到的聚会方式有哪些？
(4) 录音中提到的一次性餐具有哪些？
(5) 对于选用一次性餐具，本文的观点是什么？
(6) 对于选用一次性餐具，你的观点是什么？

3. 流经：　污染：(污染源)　治理：
　　　　海河是华北地区一条重要的河流，全长1090公里，流经河北、河南、山西、山东、内蒙古、北京、天津等省、自治区、直辖市。海河流经地区人口密度大，工农业发达，污水排放是海河的主要污染源，经过治理，虽然污染状况有所好转，但目前海河整体水质状况仍然较差。

回答问题：
(1) 这段话的主要内容是什么？
(2) 海河污染的原因是什么？
(3) 对于污染的海河人们采取办法了吗？

4. 自备： 随身： 销路：

塑料袋进入百姓生活,在给人们带来方便的同时,也给环境带来了灾难,目前塑料袋成了巨大的污染源。

几年前,有人提倡我们购物的时候自备布袋,买菜、买水果什么的,装入随身携带的布袋中,尽量少用或不用塑料袋,也有的地方干脆出台了限塑令,用塑料袋要花钱买,即有偿使用。但我们看到不少地方买菜、买水果,用的仍然是免费提供的塑料袋。造成这种状况的主要原因有两个：一是人们习惯了用塑料袋,想不起来随身自备口袋；二是卖菜、卖水果的小贩怕自己不提供塑料袋,而别人提供塑料袋,自己的东西没有了销路,继续主动提供塑料袋。这就是塑料袋继续成为污染源的主要原因。

回答问题：
(1) 这段话提出了一个什么问题？
(2) 几年前有人提出了什么建议？
(3) 目前是什么状况？

（一）

同行的海河委员会的同志告诉我们这样一个背景：德州的上游是本省的聊城市,聊城的上游是河北的两个县,再上边是河南的五个市和山西的一个市,污染官司都发生在两省交界处,而本省内没有同室操戈的纠纷。到此我们决定,不再追踪海河的污染源了。

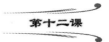

 练 习

根据录音内容选择正确答案:

1. 海河沿岸因为污染发生了什么事?
   A. 闹意见　　　　　　　B. 打官司 √
   C. 追踪调查　　　　　　D. 同室操戈

2. 污染纠纷都发生在哪里?
   A. 河南的五个市　　　　B. 本省内的城市
   C. 河北的两个县　　　　D. 省与省交界处 √

3. "我们"对海河污染做了什么事?
   A. 追踪污染源头 √　　　B. 审理污染案件
   C. 调查污染程度　　　　D. 解决污染纠纷

(二)

　　从天津市的窦庄子村防污坝开始,经过沧州到山东德州追寻污染责任人的事实告诉我们,由于海河流经的省份多,所有的省市既是污染源、责任方,又都是受害方。不管是谁告谁的官司,不管是打了多长时间的官司,官司有输赢,污水照样流。因为一河脏水,人人有责任,可以告倒一个上游,但上游的问题没有解决,水还是清不了。"法不责众",所以官司治污是治不了的。出路只有一条,就是大家团结治污。全流域共同制定一个法规,所有的排污方,所有的城镇在某一时间内共同完成治理,执行一个共同的排放标准,并成立一个能指挥协调几个省的权威管理机构,这就是经过实践证明行之有效的淮河治理模式。

根据录音内容选择正确答案：

1. 海河污染主要责任方是谁？
   A. 海河管理机构　　　　　B. 山东省的德州
   C. 海河流域各省市 ✓　　　D. 天津市窦庄子村

2. 为什么打官司解决不了污染问题？
   A. 大家都有责任 ✓　　　　B. 打官司时间长
   C. 官司无法解决　　　　　D. 下游不告上游

3. 说话人认为什么办法可以解决海河污染问题？
   A. 要求国家立法　　　　　B. 大家团结治污 ✓
   C. 找权威管理机构　　　　D. 继续打污染官司

"地球博士"

① 提起污染，似乎人人都能列举出一大堆，什么水污染、空气污染、噪音污染、白色污染，可是到了日常生活中，人们就不一定能把每件小事都和环保联系起来了。也许李皓在赴德国攻读博士学位之前，也和大伙有着差不多的想法，可是在德国读书期间所受的"环保教育"，却深深地改变了她。

② 记得到德国没几天，李皓的手表电池没电了，她顺手把卸下来的废电池扔进了纸篓。德国同事大惊失色，跳起来质问她："你怎么能把电池扔到纸篓里？你是学科学的，难道你不知道废电池里面的重金属进入自然界会污染环境吗？"这是她第一次听到环境污染和环境保护这类概念。后来，她渐渐注意到，德国人买东西总是随

身备一个布袋,把东西直接装入袋中;在野餐、举办晚会或聚会时,大家不再使用一度流行的一次性塑料餐具,而是选用瓷盘和玻璃杯;人们购买鲜花时,拒绝使用塑料膜做包装;购买饮料时,选择玻璃瓶装的,而不是塑料瓶装的。这一切都来自同一个想法:塑料是很难回收再利用的,应该尽量不用或少用。

③ 那一年,李皓回国探亲,她回忆说:"以前,北京的天空还是瓦蓝瓦蓝的,人们出去买东西,许多是散装的,包装用的是草纸,虽然看起来很简单,但不觉得不干净。"可是今天呢?与此同时,李皓发现,在中国儿童糖尿病出现了,这种病从前是没有的,德国也是近三四年才发现的。李皓还发现,当时社会上正流行一种夜光恐龙玩具是不安全的,很可能诱发儿童白血病。而且,人们对污染显得那么无知,如果大家的环保知识多一点儿,那种对孩子身体有害的东西绝不会有销路。同时,人们也不重视自己对社会的责任,如果有一批人重视起自己的一举一动对保护或破坏环境所起的作用,整个社会环境就会好一些。作为一名科学工作者,李皓感到自己有责任做点儿什么,提倡环境保护是时候了。

④ 之后,李皓正式辞去工作,作为志愿者投入到环保宣传工作中去。放弃努力多年的专业,而且成为一个没有收入的人,亲友们为她惋惜和担心。李皓却不这么看,她说:"我所从事的不是只对我一个人有好处的事情,而是对大家都有好处,只要影响了一个人对环保的态度,就是我的成功。"

⑤ 目前李皓主要以稿费为生,写得非常辛苦。她相继在《中国消费者报》、《中国青年》杂志、《中国妇女》杂志等开设专栏或大量供稿,还在《中国少年报》开辟了"手拉手地球村"环境保护知识专栏。因此,孩子们称她"地球博士",也因为这个,才有了我们这篇文章的题目。也许,让环保知识深入到孩子们幼小的心灵中去,是最明智的做法。

(根据张祺《"地球博士"李皓》改写)

练 习

一、听全文,回答问题:
1. 说一说李皓的变化过程。

2. 李皓现在做什么?

二、根据第一、二段内容,选择正确答案:
1. 课文中没有提到什么污染?
   A. 光污染 √   B. 水污染
   C. 噪音污染   D. 白色污染

2. 李皓对环保的态度是什么时候改变的?
   A. 去德国以前   B. 到德国以后 √
   C. 扔电池的时候   D. 学环保专业时

3. 德国人买东西爱选择什么包装?
   A. 布口袋包装   B. 塑料膜包装
   C. 塑料瓶包装   D. 非塑料包装 √

三、根据第一、二段内容,判断正误:
1. 作为普通人,中国人和德国人的环保意识有一定差距。   (√)
2. 德国对百姓普遍进行环保教育。   (×)
3. 德国法律规定,不许把废电池扔进纸篓。   (×)
4. 德国人看到废电池就特别害怕。   (×)
5. 德国人买东西时不买塑料制品。   (×)
6. 因为德国人拒绝使用塑料包装,所以德国都用布袋包装。   (×)
7. 德国人环保意识挺强的。   (√)

四、根据第三段内容,选择正确答案:
1. 李皓回忆以前的北京是什么样的?
   A. 包装简单但干净 √   B. 草纸包装不干净
   C. 东西都没有包装   D. 那时的天空太蓝

2. 夜光恐龙玩具有什么问题？
   A. 可能诱发糖尿病　　　　B. 可能诱发白血病 ✓
   C. 夜里玩儿不安全　　　　D. 知识含量不够高

3. 夜光恐龙玩具有销路的主要原因是什么？
   A. 它对身体危害不大　　　B. 有病的孩子都喜欢
   C. 这种玩具非常漂亮　　　D. 人们缺乏环保知识 ✓

4. 李皓认为中国环保哪些地方做得不够？
   A. 自己对社会的责任 ✓　　B. 没有环保专门人才
   C. 只是从一举一动做起　　D. 环保宣传有点儿晚了

五、根据第四段内容，选择正确答案：

1. 李皓做环保工作之前学什么专业？
   A. 环境保护　　　　　　　B. 新闻记者
   C. 专业作家　　　　　　　D. 文中没说 ✓

2. 李皓现在情况怎么样？
   A. 没有任何收入　　　　　B. 住在地球村里
   C. 努力宣传环保 ✓　　　　D. 努力攻读学位

3. 李皓对自己的生活怎么看？
   A. 为丢了专业而惋惜　　　B. 为没有收入而担心
   C. 对大家有好处就做 ✓　　D. 自己已经很成功了

4. 李皓认为，宣传环保最好的办法是什么？
   A. 向聪明孩子宣传环保　　B. 李皓这样的人多一些
   C. 多给孩子们订些报纸　　D. 让孩子从小懂得环保 ✓

5. 这篇文章的题目为什么叫"地球博士"？
   A. 李皓就是地球博士　　　B. 孩子们这样叫李皓 ✓
   C. 李皓的学位是博士　　　D. 李皓是保护地球的

第十三课　人口与粮食

词语链

1. 升：(升温,升高,上升)　　资源：(水资源,水土资源)
   预测：预计：预言：

全球变暖已经成为一个热门话题。毫无疑问，我们这个地球正在升温,联合国政府间气候变化专门委员会(IPCC)的专家们预测说,2100年全球平均气温最可能升高的幅度是1.8℃~4℃,海平面将上升18~59厘米。

近年,人们看到,一月初,法国东部的玫瑰花开了,荷兰的番红花开了,许多英国人的花园里绽放着美丽的花朵,就像四月的风景。瑞典动物园里的棕熊迟迟不能进入冬眠,温暖的天气搞乱了动植物们的生物钟。

在中国,一月的平均气温比往年高1.4℃,东北地区和青藏高原冬季气温也属历史高位。

随着全球变暖,地球上的冰雪正在加速融化,北极的冰层在过去的50年中已变薄了40%。近年来,青藏高原的冰川也消失得越来越快,预计到2050年,冰川面积将比现在减少28%,到2090年,将减少到现有面积的50%。

表面看,冰川融化会使河流的水量增加,水供应暂时会变得充裕,但从长远看,冰川的减少意味着水源的缩小,不久的将来,将会出现严重的水危机,因为冰川是人类重要的水资源。

全球气候变暖还会使人类患传染病的机会增加,会使暴雨、洪水、干旱等自然灾害增加,破坏水土资源甚至危及生命安全。

也许,全球立即采取联合行动,不要让专家们的预言变为现实,才是我们人类唯一的出路。

回答问题：

(1) 这段话的主要内容是什么？有解决问题的办法吗？

(2) 录音中有三个句子：
　① 专家们预测说,2100年全球平均气温最可能升高的幅度是1.8℃~4℃,海平面将上升18~59厘米。
　② 青藏高原的冰川也消失得越来越快,预计到2050年,冰川面积将比现在减少28%,到2090年,将减少到现有面积的50%。
　③ 全球立即采取联合行动,不要让专家们的预言变为现实,才是我们人类唯一的出路。
　句子中的"预测"、"预计"、"预言"是生活中已经存在的事情吗？
(3) 说出"升温"、"升高"、"上升"的反义词。

2. 爆炸：(天然气爆炸,人口爆炸,信息爆炸,知识爆炸)
　男：自从我们家用上天然气以后,我天天担心,特别怕天然气爆炸了,你说,天然气安全吗？
　女：你这就叫自己吓自己了,只要按规定使用,当然安全了。
　男：自从我看过《人口爆炸》那本书以后,我还老怕真的有了人口爆炸的那一天,没粮食吃,饿死多难受呀。
　女：《人口爆炸》那本书你也没看明白吧？按书里的预言,地球早就不能养活人类了,早就该有上百万人饿死了,可到了今天,世界人口超过了60亿,人类的生活水平反而提高了。因为1961年以来,世界农业生产增加了不少,而且,进入21世纪以来,全球人口增长缓慢,人类面临的问题已经不是人口爆炸,而是人口老龄化了。
　男：噢,那就没什么可怕的了。
　女：你不会再让信息爆炸、知识爆炸给吓着吧！
　回答问题：
　录音中都提到了什么爆炸？

3. 空调： 加剧： 高温： 抗：(抗高温,抗灾,抗洪,抗旱,抗各种疾病)
　设施：
　男：都说气候变暖会给人类带来灭顶之灾,可大伙儿怎么不想想啊,夏天到处都用空调,能不加剧气温升高吗？
　女：要不用,你就一个人不用吧,我受不了三十六七度的高温。
　男：我们人类本来有冬天禁得住寒冷,夏天抗得了高温的能力的,现在倒好,空调成了必备的设施了,办公室得有,商店里得有,教室里也得

111

有,人怎么变得这么娇气了?有时候,屋子里没人,空调还开着,真让人生气,一来浪费电,二来对环境也不好呀。

女:浪费肯定是不对,可我觉得空调还是得用,现在气候跟以前不一样了呀。

男:像你这样只图一时享乐,等着温室效应把冰川、冰河都融化了,你就天天抗灾吧。那时候就得今天抗洪,明天抗旱,后天抗各种疾病。

回答问题:
(1) 他们在谈论什么问题?男女的观点各是什么?
(2) 男的认为用空调会出现什么后果?
(3) 男的认为可以不用空调的理由是什么?
(4) 录音中除了"抗各种疾病",还说了"抗"什么?你还能说出带"抗"的词语吗?

4. 整容: 需求:(需求量) 明星: 当今:

男:你听说了吗,现在整容手术的需求量越来越大了。

女:你说什么呢?手术也是想做就做的?你说的是明星们吧?

男:不是,是大学生。据说,现在有的大学生求职前要做整容手术,形象好一些,能找到好点儿的工作。

女:当今社会怎么变这样了?要是我,找着什么工作干什么,我才不整容呢。

男:有几个你这样的呀!

回答问题:
(1) 这段对话的主要内容是什么?
(2) 女的认为整容的应该是什么人?
(3) 你听说过"美容"这个词吗?你认为"整容"、"美容"有区别吗?

5. 降水:(降水量) 幅度: 加剧: 短缺:

近年来,这一地区的降水量大幅度减少,降水天数也减少了大约20%。降水量的不足将会加剧这一地区的水资源短缺,人们需做好长期抗旱的准备。

回答问题:
这段话的主要内容是什么?

(一)

由于人类活动的影响,中国的气候在21世纪将继续明显变暖,其中,中国北方冬天变暖的趋势最为明显。

预计到2020年,全国年平均将升温1.3℃~2.1℃;到2030年,年平均升温为1.5℃~2.8℃;到2050年,年平均升温将达到2.3℃~3.3℃。而过去的100年中,中国的升温幅度仅为0.5℃~0.8℃。

到2020年,全国年平均降水量将增加2%~3%,到2050年,可能增加5%~7%。虽然北方降水天数增加了,但受到气温上升的影响,水资源短缺状况还会加剧。

到2030年,中国海平面可能上升1~16厘米,南方洪涝灾害的可能性会增大。由于气温上升,导致黄河和一些其他河流蒸发量增加可能达15%左右,因此,北方水资源短缺的矛盾会更加突出。

如不采取任何措施,到2030年,整个种植业生产能力可能会下降5%~10%。到本世纪后半期,主要粮食作物,小麦、水稻、玉米的产量,最多可下降37%。在未来20到50年中,气候变化将严重影响中国长期的粮食安全。

全球性高温的持续,将刺激中国的空调制冷电力消费,给电力供应带来严峻的挑战。此外,温度升高导致冻土融化,也会影响到青藏铁路的安全。

(根据《气候变化国家评估报告》改写)

 练 习

根据录音内容选择正确答案:

1. 21世纪中国气候变化特点是什么?
   A. 北方的冬天仍然会很冷
   B. 农业生产将会影响气候
   C. 未来50年温度上升比过去快 ✓
   D. 2050年,气温将达到3.3℃

2. 到2050年,降水情况的特点是什么?
   A. 降水天气将减少
   B. 缺水状况将缓解
   C. 气温上升将减少降水
   D. 降水量将持续增加 ✓

3. 气候变化对中国农业有什么影响?
   A. 自己产的粮食将不够吃 ✓
   B. 粮食品种不适应气候
   C. 中国不再适合种小麦
   D. 食品安全会受到影响

4. 气候变化还会给中国带来什么影响?
   A. 人们去西藏不坐火车
   B. 坐火车去西藏不安全
   C. 空调的制冷能力提高
   D. 用电太多而导致缺电 ✓

(二)

女:我们问一下李春,如果你身边有一个女孩子,既聪明,又善良,又有才华,只是长得丑一点儿,那么她去做整容,做完了美丽了,不是更好吗?

男:我如果用包子来比喻女孩可能不太合适。

女:不太合适。

男:不过,前人已经这么比喻了。中国有一句俗话叫做"包子有肉,不在褶上"。(这个)包子如果有肉的话,它就会冒出一股香气,我觉得如果一个女孩肚里有货的话,她有境界,有情趣,她脸上就会有一种气息,我想这就是神韵吧。

女:那你告诉我们,怎么才能更有效地使我们变美呢?

男：我就是这个想法,就是与其捏褶,不如放肉。你看(这个历史上)历史上的这些美人也好,当今的大明星也好,她们倾国倾城,我觉得不是靠的倾国倾城的貌,靠的是倾国倾城的风韵。很多丑女孩可能很成功,可能很招人喜欢,是因为她们有神韵。可是有些人做了手术以后,或者她们天生丽质,长得就不错,可是她没有这种神韵,她依然没有市场。如果这个女孩肚里没有货的话,那你就靠一个手术嫁给一个挺不错的人了,以后还有好几十年呢,你有肉还是没有肉,他知道。

(选自中央电视台"实话实说"节目)

根据录音内容选择正确答案：

1. 他们在谈论什么问题？
   A. 女孩如何更美丽 ✓   B. 肉多的包子好吃
   C. 女孩美丑没关系   D. 什么人需要美容

2. 男的认为什么样的女孩有吸引力？
   A. 不美容的女孩   B. 有修养的女孩 ✓
   C. 外表一般的女孩   D. 天生丽质的女孩

3. 男的对美容手术持什么态度？
   A. 无所谓   B. 不赞成 ✓
   C. 很肯定   D. 不知道

4. "包子有肉,不在褶上"是什么意思？
   A. 女孩应该学习包子   B. 本质远比外表重要 ✓
   C. 包子比喻女孩合适   D. 如果没肉不叫包子

人口与粮食

① 联合国人口委员会每两年进行一次的人口预测最近显示：世界人口增长速度已明显减缓，世界人口推算值正在逐年下降。例如，1992年推算的世界人口为57.59亿人，1996年推算为56.87亿人，减少了7200万人。有专家预言，人们一直担心的人口爆炸和粮食不足的危机，并不像有些人所认为的那样严重。

② 且不管世界人口和粮食问题前景如何，中国面对的现实似乎始终是不容忽视的。

③ 中国有13亿人，一天就要吃掉10来亿斤粮食。虽然粮食产量在增长，但从长远看，我们面临着的是三个不可逆转：耕地减少不可逆转；人口继续增长不可逆转；消费水平提高不可逆转。以2000年为例，我国的粮食和肉类，必须分别达到9800亿斤和4800万吨以上，才能保证我国人民的需要。我们的土地多么艰难啊！

④ 某农业专家说，我国粮食产量从3000亿斤到9000亿斤，共花去了1952年到1993年41年的时间，这增产的六个千亿斤的最后一个千亿斤，却用了1984年到1993年九年的时间，年递增率只有0.4%。这不仅告诉我们，粮食增产在经过了长时间的潜力挖掘之后，每前进一步都要比以往更为艰难，需要更多的资金投入和科技含量，也告诉我们，我们真正的衣食父母——土地，在养育了一代又一代儿女之后，她累了，也瘦了。农业基础设施薄弱，抗灾能力差，农业科技滞后于粮食生产需求，这都是老掉牙的问题了。所幸的是，国家已经加大了农业投入，同时严格控制耕地占用，继续控制人口增长。

⑤ 粮食问题若干年来一直困扰着中国人，中国的领导者为它伤透了脑筋，中国的老百姓为它心里总不踏实。我们有13亿人哪，碰上灾年怎么办？可我们却吃惊地发现，在我们国家一方面是粮食并

不富余,另一方面粮食浪费却日益严重。有消息说,仅哈尔滨目前有各种餐厅、酒店、旅馆、单位食堂一万家,每天倒掉的剩饭菜居然有50万公斤之多;北京的几百家高级饭店,每天也要倒掉10吨美味佳肴,那么全国呢?而且,素有喝酒大国之称的中国,每年喝掉的用粮食酿造的酒就有一西湖水那么多。这是多么触目惊心啊!

⑥2005年底,中国人口突破13亿。以往,我们听到各种各样的提前超额完成任务的消息时,总是禁不住喜悦和兴奋。然而,人口突破13亿,却使我们心中倍感沉重。国家、政府为这13亿人的一日三餐操碎了心,这庞大的人口数字成了中国经济发展的一个大包袱,我们必须不厌其烦地讲:13亿人的吃饭问题是中国的头等大事,计划生育是中国的基本国策。

练 习

一、听全文,回答问题:

1. 世界人口增长的实际情况怎么样?和预期的有什么不同吗?

2. 中国粮食问题的前景如何?中国是否在为粮食问题做出努力?

3. 中国在粮食并不富裕的同时,出现了什么令人难以理解的现象?

二、先听第三段,回答问题:

1. 从长远看,中国哪三个问题是不可逆转的?

2. 2000年,中国的粮食要达到多少才能保证社会需求?

3. 2000年,中国的肉类要达到多少才能保证社会需求?

三、根据第一、二、三段内容,判断正误:

1. 世界人口增长速度正在加快。　　　　　　　　　　　　(×)
2. 人们一直为人口增长过快而担心。　　　　　　　　　　(√)

3. 人们一直为粮食不足问题而担心。 (√)
4. 实际上,人口问题、粮食问题并不存在。 (✗)
5. 中国的人口问题、粮食问题一直是个问题。 (√)
6. 全中国一天要吃掉一亿多斤粮食。 (✗)
7. 中国的粮食一直在减产。 (✗)
8. 中国的耕地在慢慢增加。 (✗)
9. 中国的人口肯定还会增长。 (√)
10. 中国人的消费水平不可能不提高。 (√)
11. 中国的土地养这么多人十分不容易。 (√)

四、根据第四段内容,判断正误:

1. 1952年中国粮食产量是3000亿斤。 (√)
2. 1984年中国粮食产量是8000亿斤。 (√)
3. 1993年中国粮食产量是9000亿斤。 (√)
4. 1984年到1993年中国粮食产量增长速度比以前慢。 (√)
5. 粮食增长速度减缓和长时间的潜力挖掘有关。 (√)
6. 中国今后粮食增产需要投入更多的资金。 (√)
7. 中国要提高粮食产量必须提高农业科技水平。 (√)
8. 中国粮食生产条件、水平都相对落后。 (√)
9. 中国已经加大了对农业的投入。 (√)
10. 政府规定耕地只能种粮食,不能干别的。 (✗)

五、根据第五段内容,选择正确答案:

1. 若干年来中国领导人对粮食问题是什么态度?
  A. 担心   B. 烦心
  C. 不踏实   D. 费心思 √

2. 若干年来中国老百姓对粮食问题是什么态度?
  A. 操心   B. 怀疑
  C. 心中不安 √   D. 伤透脑筋

3. 什么事情使我们感到吃惊?
  A. 又有灾年了   B. 餐厅更多了
  C. 粮食富裕了   D. 缺粮又浪费 √

4. 哈尔滨和北京的例子说明什么？
   A. 浪费现象很严重 ✓　　　B. 中国不缺粮食了
   C. 餐馆经营有问题　　　　D. 中国餐馆太多了

5. 课文中为什么提到西湖？
   A. 西湖水造酒好喝　　　　B. 西湖产的酒好喝
   C. 酒用了太多的粮食 ✓　　D. 中国人很喜欢喝酒

六、根据第六段内容，回答问题：

1. 中国原计划哪一年人口达到12亿？

2. 中国人一般为什么消息喜悦和兴奋？

3. 对1994年底的人口消息中国人心情怎样？

4. 粮食问题、人口问题在中国是什么样的问题？

七、听录音，选词填空：

1. 有专家预言，人们一直担心的人口爆炸和粮食不足的(　　)，并不像有些人所认为的那样严重。
   A. 危及　　　　B. 危急　　　　C. 危机 ✓

2. 粮食增产在经过了长时间的潜力挖掘之后，每前进一步都要比以往更为艰难，需要更多的(　　)投入和科技含量。
   A. 资金 ✓　　　B. 至今　　　　C. 咨询

3. 有消息说，(　　)哈尔滨目前有各种餐厅、酒店、旅馆、单位食堂一万家，每天倒掉的剩饭菜居然有50万公斤之多。
   A. 净　　　　　B. 尽　　　　　C. 仅 ✓

4. 国家、政府为这13亿人的一日三(　　)操碎了心。
   A. 餐 ✓　　　　B. 参　　　　　C. 天

第十四课 拉　链

词语链

1. 夜幕：降临：冷：(阴冷)　家访：家庭：(单亲家庭)

　　从她做教师的第一天起,30个寒暑过去了,她的心每天都在孩子们身上。早上,她早早赶到学校,和孩子们一起早自习,晚上夜幕降临,她还在学校忙。不管是炎热的夏天还是阴冷的冬季,年年如此。她的学生,个个她都做过家访。她常说,到学生家中和学生的父母交流,对了解学生,帮助学生会有好处,特别是单亲家庭的孩子,她就会格外多一份爱心,多一份关心,多一份耐心。

回答问题：
(1) 短文中的"她"是干什么的?"她"有什么特点?
(2) "她"做教师多少年了?文中是怎么说的?你还知道类似的表达"年"的方法吗?
(3) "她"每天工作到什么时候？文中是怎么说的?
(4) "不管是炎热的夏天还是阴冷的冬季",句中用哪两个词形容夏天和冬天?
(5) "家访"是什么意思?是哪两个汉字?
(6) "单亲家庭"是什么样的家庭?是哪几个汉字?

2. 网民：言论：(言论自由)　谈：(交谈,畅谈)　研究、讨论：(研讨会)
住房：(住房问题)　婚姻、恋爱：(婚恋)　字里行间：

　　网民在互联网上能够享受到充分的自由,这自由包括发表言论的自由,取得信息的自由,与别人平等交谈的自由,吸取别人思想精华的自由。
　　互联网上有各种各样的研讨会,对物价问题、住房问题、婚姻恋爱问题——不,互联网上肯定更喜欢用"婚恋"这个词,两个字总比四个字交流起来更方便、更快捷。总之,凡是社会关心的问题,互联网上都会热热闹闹地进行研究、讨论。

要是说取得信息的自由,那互联网更是得天独厚,看什么有用,下载好了,什么文字、图片、表格,应有尽有。

在网上和别人聊天儿、畅谈,写博客,向别人请教问题,把知识传授给别人,网上有无数热心人。我们也经常能看到十分漂亮的博客,字里行间都能表现出作者的才华。

回答问题:
(1) 这段话的主要内容是什么?
(2) 互联网上都有什么自由?
(3) "研讨会"中的"研讨"是什么意思?
(4) "婚恋"是什么意思?
(5) "住房"问题是什么问题?是哪两个汉字?
(6) "字里行间都能表现出作者的才华"中的"字里行间"是什么意思?是哪几个汉字?
(7) 你从网上下载过东西吗?下载过什么?
(8) 你认为"畅谈"和"交谈"有什么区别?

3. 服装:(时装,冬装,泳装,军装)

女A:我有两张票,咱们去看时装表演吧。
女B:我不看,时装表演的服装和咱们老百姓穿的衣服根本就是两回事,哪件在大街上也穿不出去。
女A:那倒是,要不就不叫表演啦。
女B:而且,时装表演的冬装哪是冬装呀,看着就冷,根本就过不了冬。
女A:不,今天是泳装表演。
女B:泳装?我更不去了,上海边看不就得了,要是军装表演还差不多。

回答问题:
(1) 这段对话的主要内容是什么?
(2) 对话中用了哪些和服装有关的词?
(3) 什么是泳装?是哪两个汉字?
(4) 什么是军装?是哪两个汉字?

4. 男:(男性) 女:(女性) 外观: 当众出丑: 悲伤:
男:你说,男性、女性各有什么特点?

女：女性更注意自己的外观？怕形象不好给别人留下不好的印象？女性好面子？怕当众出丑？

男：这不是女性的特点，男的也希望自己形象好，也不愿意在大家面前出丑。

女：女的情感脆弱，爱哭？

男：我也不同意，男的悲伤，难受的时候也想哭，只不过传统中不允许男的动不动就哭。

女：男的胆子大，坚强？

男：这个问题还真得好好儿想想再说。

回答问题：

(1) 对男女的特点，他们最后讨论出结果了吗？

(2) "女性更注意自己的外观"中的"外观"是什么意思？是哪两个汉字？

(3) 什么叫"当众出丑"？是哪几个汉字？

(4) 说出"悲伤"的近义词和反义词。

5. 欢快：

　　我怀着欢快的心情，唱着歌走出教室。

回答问题：

说出"欢快"的近义词或反义词。"欢快"是哪两个汉字？

6. 失控：

　　讨论越来越热烈，以至会场有些失控，人们纷纷站起来，大声发言，生怕别人听不到自己的声音。

回答问题：

"失控"是什么意思？是哪两个汉字？

（一）

她走了，走得很匆忙，凡是知道她的人都很悲伤，可知道她的人并不多,虽然她是一位非常出色的"园丁",辛勤劳作了几个寒暑。

学生、同事永远忘不了她的歌声,那么欢快,那么动听。她唱歌的时候永远是那么投入,每个孩子都盼望每周的音乐课。她的音容笑貌常使孩子们觉得生活真美好!

她正派,为人厚道,还爱钻牛角尖。当她知道一个单亲家庭的男孩儿,父亲每天晚上都招一帮人来家打牌,孩子因为没有好的学习环境非常苦恼时,她一连家访了五趟。这期间她碰过钉子,吃过闭门羹,别人劝她:"算了,别什么事都较真儿,人家自己还不明白该怎么当爹?"可她认准了要干的事,几头牛也拉不回来,终于,她说服了那位家长。

人们都忘不了那个阴冷的傍晚,不到六点夜幕就降临了。几个路远的孩子和她一起在车站等车,突然一辆汽车像失控的野马,冲到了孩子们面前,她护住了孩子,自己就这么没打声招呼就走了。

根据录音内容选择正确答案:

1. 她是干什么的?
   A. 唱歌的　　　　　　　　B. 种花的
   C. 养牛的　　　　　　　　D. 教书的 √

2. 她是怎样的一个人?
   A. 每天下班都非常晚　　　B. 自己带着一个孩子
   C. 对待工作非常认真 √　　D. 对自己的孩子特好

3. 以下哪一项说的是男孩的父亲?
   A. 做事认真　　　　　　　B. 非常苦恼
   C. 喜欢玩儿牌 √　　　　　D. 常碰钉子

4. 女的认为应该做的事会怎样去做?
   A. 坚持做到底 √   B. 鼓励孩子做
   C. 说服别人也做   D. 和别人一起做

5. 她去哪里了?
   A. 出门了   B. 去世了 √
   C. 辞职了   D. 不知道

(二)

我们的网络世界还缺什么?要弄清这个问题,先要弄明白网络上不缺什么。

网络上缺思想家吗?缺经济学家吗?缺哲学家吗?缺艺术家吗?答案是否定的,我们的网络世界上人人都是"某某家"。

网络上缺争鸣辩论吗?缺讨论交流吗?缺标新立异吗?缺特立独行吗?答案还是否定的,我们的网络世界里,最不缺的就是这些。

如今,在总数相当于整个欧洲、四倍于英国的中国1.5亿网民中,有近两千万个博客用户,这其中蕴涵了无穷无尽的头脑智慧和思想精华。不夸张地说,每一次上网,你都能收获最新资讯;每打开一个博客,你都会感受到字里行间闪烁着思想家的聪明才智。你对住房问题感到困惑吗?网上"经济学家"会帮你认真分析,他不会像学术研讨会上的专家那样,把你看成什么都不懂的傻瓜,让你学会了经济学常识再向他提问。网上"经济学家"不仅解释得通俗易懂,而且还会不厌其烦地把经济学中的专有名词化成生活中的小故事,讲完之后让你豁然开朗。我们的网络世界里还有IT专家、军事专家、婚恋专家、美食专家,每时每刻辩论不止,诲人不倦。

在网络世界里,我们不但可以交流信息,汲取知识,增长智慧,更重要的是,我们还获得了尊重。在这里,无论是陌生的还是熟悉的,都可以平等地思想,尽情地畅谈。这里虽然是虚拟世界,但自由平等的精神却并不虚无,而是让你实实在在感受着它的存在,当然,一旦失去了平等,网络世界也就失去了生命力。

毫无疑问,网络世界的自由与平等,给网民带来了巨大的精神快乐,然而,它的存在一方面依赖虚拟世界特有的情境,另一方面它更需要每一个网民高度自律下的用心呵护。有网民说得好,"为了自由而放弃自律,就像失控的野马;为了自律而放弃自由,就像离开了水的鱼。"毋庸讳言,在互联网上,令人气愤的事情也屡见不鲜,有人曾列举网络中的十大不文明行为:传播谣言、散布虚假信息;制作、传播网络病毒;传播垃圾邮件;聊天室谩骂;网络欺诈;网络色情聊天;传播他人隐私;盗用他人网络账号;强制广告;下载、炒作低俗内容。

人们崇尚自由与平等当然不能容忍对自由与平等的践踏。在任何国度里,言论自由的规定和保护都有最基本的底线,那就是,言论自由不能侵犯他人的合法权益。写到这儿,我真觉得当下中国的互联网世界,最缺的还是网民们的道德自律。

(根据司徒夏雪《我们的网络世界还缺什么?》改写)

根据录音内容选择正确答案:
我们的网络世界缺少什么?
A. 各种各样的"专家"　　　　B. 各种讨论、辩论
C. 网络道德与网民自律 √　　D. 网络自由与平等

拉　链

① 1893 年前后,美国工程师惠特科姆·贾德森发明了一种全新的连接方式,这就是早期的拉链。在现代人看来,拉链这种连接方

式是极其平常和自然的，但在100年前，它的构想是全新的，与人们传统的连接概念完全不同。

②多少年来，人们习惯了用扣子系衣服，用带子拴鞋。这些连接方式都不是完全封闭的，而且费时费力，也不牢固。拉链克服了这些缺点，在发明史上无疑是一个重大突破。然而，当这个小玩意儿在芝加哥世界博览会上首次亮相的时候，却并没有引起人们的重视。

③1912年，瑞典人森德巴克对贾德森的发明进行了改造，使其扣得更为结实可靠，外观也精细美观了许多，这时的拉链已和我们今天使用的拉链差不多了。

④最初，森德巴克把拉链装在妇女服装上，但没有一位女性敢于斗胆尝试去穿带有拉链的服装，她们怕一旦拉链自行开裂会当众出丑。因此，拉链一直无法推广。是欧洲的一次震惊世界的空难事件，帮助拉链得到了人们的承认：一位优秀的飞行员，驾驶着当时最先进的飞机做飞行表演，只因为一粒扣子滚落到机器中，造成了机毁人亡的恶性事故。森德巴克抓住了这一时机，立刻与有关军事部门联系，建议缝制带有拉链的新军装。试用结果，这种军装大受欢迎。森德巴克又借机大做广告，越来越多的人知道并开始喜欢拉链了。

⑤1931年以后，拉链开始在世界范围内广泛使用。最早人们把它缝在钱包、手袋、背包上，后来又把它缝在衣裤上。人们发现它的确方便、实用。以后，拉链的品种层出不穷，使用的材料除了金属还增加了塑料，用途也越来越广泛。除了服装业，其他许多行业也都开始使用它。一位奥地利医生还曾经在病人的胃上缝了一条拉链。

现在，每年全世界制造的拉链连接起来长度超过了40万公里，可以绕地球10圈。

练　习

一、听全文,回答问题:

1. 拉链发明以前,人们用什么方式来实现衣物的连接?

2. 最开始森德巴克把拉链缝在哪儿了?

3. 一件什么事,使人们有机会重新认识拉链?

二、根据第一、二、三段内容,判断正误:

1. 美国工程师在1893年发现了拉链。　　　　　　　　　　　　(×)
2. 现代人看来,平常和自然是拉链最大的优点。　　　　　　　(×)
3. 传统连接方式省时省力,而且靠得住。　　　　　　　　　　(×)
4. 拉链在世界发明史上的地位无须怀疑。　　　　　　　　　　(√)
5. 拉链第一次与世人见面是在芝加哥世界博览会上。　　　　　(√)
6. 拉链发明约20年后,瑞典人森德巴克对它进行了改造。　　 (√)
7. 改造后的拉链和今天的拉链差不多了。　　　　　　　　　　(√)

三、根据第四段内容,选择正确答案:

1. 为什么早期拉链无法推广?
   A. 拉链出现过意外　　　　　　B. 人们不愿被取笑
   C. 女性胆子都太小　　　　　　D. 衣服没有人试穿 √

2. 空难发生的原因是什么?
   A. 扣子引发了事故 √　　　　　B. 飞机质量有问题
   C. 飞行员技术不高　　　　　　D. 衣服没有缝拉链

3. 在推广拉链的过程中,森德巴克做了什么?
   A. 缝制拉链　　　　　　　　　B. 试穿军装
   C. 大力宣传 √　　　　　　　　D. 缝制军装

四、根据第五段内容,选择正确答案:

1. 最早人们把拉链缝在哪里?
   A. 人身上　　　　　　　　B. 裤子上
   C. 衣服上　　　　　　　　D. 钱包上 ✓

2. 为什么说拉链的用途越来越广?
   A. 拉链品种越来越多　　　B. 拉链还可以治胃病
   C. 许多行业都用拉链 ✓　　D. 金属的塑料的都有

五、听录音,选词填空:

1. 1893年前后,美国工程师惠特科姆·贾德森发明了一种全新的(　　)方式。
   A. 廉洁　　　　　B. 连接 ✓　　　　C. 联系

2. 多少年来,人们习惯了用扣子系衣服,用带子拴鞋。这些连接方式都不是完全封闭的,而且费时费力,也不牢固。拉链克服了这些缺点,在发明史上无疑是一个重大(　　)。
   A. 突破 ✓　　　　B. 读破　　　　C. 土货

3. 森德巴克抓住了这一时机,立刻与有关军事部门联系,建议缝制带有拉链的新军装。(　　)结果,这种军装大受欢迎。
   A. 使用　　　　　B. 实用　　　　C. 试用 ✓

4. 以后,拉链的品种(　　)不穷,使用的材料除了金属还增加了塑料,用途也越来越广泛。
   A. 曾出　　　　　B. 层出 ✓　　　C. 增出

第十五课　小人书大热门

词语链

1. 自古：(古旧,古老,古书)　收藏：(收藏者,收藏家)

中国自古就有收藏的传统。有人喜欢收藏与生活密切相关的东西,比如铅笔、橡皮,凡是自己喜欢的,就保存起来。也有收藏者喜欢收藏有历史感的东西,什么旧报纸、老杂志、古旧自行车、邮票等等,这些东西收藏多了,人们可以从中感受到历史的发展和变化,从而收藏兴趣越来越浓。也有人收藏档次很高,专门收藏具有文物价值的古老家具、字画、古书。收藏这些东西可不容易,要有专门的知识,应该是收藏家干的事了。

回答问题：

(1) 这段话的主要内容是什么?

(2) 用你自己的话说说什么是收藏?

(3) "中国自古就有收藏的传统"中的"自古"是什么意思?文中还出现了什么带"古"的词,你注意到了吗?

(4) 文中把喜欢收藏的人称为什么?

2. 精美：(精品)　童年：　无奇不有：

男：在中国,喜欢收藏的人挺多的,是吧?

女：是。

男：你收藏过什么吗?

女：小的时候我们班好多同学都收藏过糖纸、邮票什么的,我也收藏过。

男：糖纸?糖的包装纸?那有什么可收藏的呀?

女：这你就不懂了,我们小的时候,糖纸是各种各样的,上边有画儿,有图案,可精美了!

男：童年的记忆就是有意思!

女：这不是记忆的问题,那时候的糖纸和现在的就是不一样,那时候的糖纸可以说是艺术品,不像现在,就是一个简陋的塑料袋儿,当然没有收藏价值了。

男:你最喜欢的糖纸是什么样的?

女:那会儿我觉得最珍贵的一张,是我们老师设计的。

男:啊?你们老师?

女:这有什么大惊小怪的,我们老师也喜欢收藏,他收藏的都是糖纸中的精品,他不光收藏,还业余设计呐。

男:真是无奇不有!你的糖纸现在还有吗?

女:没了,这么多年搬家什么的,还有一段时间我不在北京,就不知道它都跑哪儿去了。

回答问题:

(1) 女的小时候收藏过什么?"童年"是什么意思?是哪两个汉字?

(2) 女的觉得最珍贵的一张糖纸有什么特别之处?

(3) 女的觉得以前的糖纸和现在的有什么不同?

(4) 女的认为以前的糖纸很"精美",老师收藏的糖纸都是"精品"。"精美"、"精品"是什么意思?汉字怎么写?

(5) "真是无奇不有"中的"无奇不有"是什么意思?是哪几个汉字?

3. 阅读:(阅览室,阅) 展览:(游览,阅览)

留学生:我想问你,"阅览"的"阅"是什么意思呀?

老　师:那你先说说"阅览"是什么意思呀?

留学生:我们学过"阅览室",就是看书的地方。"室"我知道,"教室"什么的,那"阅览"就是"看"?

老　师:对。比如咱们的阅读课,"阅"也是看,"读"也是看,咱们常说"这本书值得一读"就是值得看;"阅览"的"览"也是看,咱们也常说"展览"、"游览","展览"就是拿出来给你看,"游览"呢?一边玩儿一边看。

留学生:那我懂了。

回答问题:

"阅"是什么意思?

4. 存世量:

收藏者都知道,收藏的东西价值高不高,和存世量关系很大,如果同样的东西很多,这件藏品自然就不那么珍贵,价值也不会太高。相反,如果这件藏品全世界数量有限,甚至是唯一的,也就是说,存世量极少,那它一定极其珍贵。

回答问题:
(1) 用自己的话说说,收藏品的价值和什么有关系。
(2) "存世量"是什么意思?是哪几个汉字?

5. 创办: 出版:(出版社) 名著:

上海世界书局创办于1921年,1950年春天停业,出版过自然科学、社会科学、哲学、文艺、美术等方面的图书。这家出版社还出版过一系列以中国古典名著为内容的小人书,比如《西游记》、《三国志》、《水浒》,这些小人书如今都是收藏者的最爱。

回答问题:
(1) 这段话的主要内容是什么?
(2) 文中提到的出版社叫什么名字?
(3) 这家出版社是哪一年成立的?文中没用"成立",用的是什么词?
(4) 文中提到了哪些中国古典名著?"名著"是什么意思?是哪两个汉字?

(一)

主持人:田玉初来北京的时候有这种感觉吗?觉得北京的人很难处?
田　玉:这个,好像没有太强烈的感觉吧。就是说,我觉得在跟北京人相处的过程中,北京人那规矩挺大的,(也就是说,)比如说你问道儿吧,(问道儿)你这态度啊,称呼啊,不会客气,多半问不到。问不到(而且这个)问路的人也生气,说我跟你北京人问一个路你都不告诉我吗?(所以)我觉得,北京人也生气,说有你这么问道儿的吗?他也生气。

(根据中央电视台"实话实说"节目改写)

练 习

根据录音内容选择正确答案:

1. 说话人主要在谈论什么问题？
   A. 外地人对北京人的感受 √
   B. 北京人生活有很多规矩
   C. 北京人问路为什么生气
   D. 在北京谈话态度很重要

2. "难处"的意思是什么？
   A. 太客气
   B. 难交往 √
   C. 规矩大
   D. 爱生气

（二）

主持人：您好,老先生,您是什么地方的人？

老先生：我是北京人。

主持人：北京人？那您刚才听到了许多(这个,)对北京人的看法和议论,您怎么看他们的这些说法？

老先生：哦,我有一孩子,他是色盲,所以他看见别人穿的衣裳(的时候),他总看别人谁穿的都是黑色的。另外呢,有一次我戴墨镜出去了,我总觉着今天怎么老是阴着天？(所以)后来我摘下墨镜来一看(的时候),我觉着今天敢情是晴天。所以呢,我就觉着有些问题,看的时候呢,能不能全面点儿看。打听道儿,我就碰见过这么回事,可不是我,是我旁边的人。人家问："咳,上东单怎么走？"小伙子看了看："上北走三站,再往西走就到了。"我问他："你怎么这么说话呀？"他说了："你听他说的什么？咳！(谁,)咳谁呢？"

主持人：嗯,您说这礼貌有一个相互的过程。

老先生：对了,你不尊敬人家,人家怎么尊敬你呀？

主持人：嗯。

老先生：首先得自己尊敬自己吧？

主持人：嗯。
老先生：是不是？所以我觉着是这样。
主持人：谢谢你，老先生！

(选自中央电视台"实话实说"节目)

 练 习

根据录音内容选择正确答案：

1. 老人为什么问小伙子"你怎么这么说话呀"？
   A. 小伙子话里没称呼　　　B. 小伙子指的路不对 √
   C. 小伙子说话太简单　　　D. 小伙子的话不礼貌

2. 小伙子对问路的人是什么心情？
   A. 很生气 √　　　　　　B. 很同情
   C. 很意外　　　　　　　D. 无所谓

3. 小伙子认为问路的人是怎么了？
   A. 说话太客气　　　　　B. 不会说谢谢
   C. 只尊重自己　　　　　D. 说话没规矩 √

4. 老人讲他和儿子的故事是要说明什么？
   A. 他儿子不是色盲　　　B. 还是不戴墨镜好
   C. 看问题不要有偏见 √　D. 阴天才可以戴墨镜

5. 老人讲打听道儿的故事是要说明什么？
   A. 说话不好听问不到路　　B. 给别人瞎指道儿不道德
   C. 尊重别人也是尊重自己 √　D. 问不到路的人都很可怜

小人书大热门

① 中国自古就有私人收藏的传统,从邮票、旧报纸到古钱币、古字画,人们无所不藏。收藏家不仅要有财力、有精力,还要有眼力,有耐心。今天,中国又一次出现了收藏热。据说光北京,收藏人口就达10万之众。收藏内容也五花八门,无奇不有。你听说过吗,还有人收藏小人书呢。

提起小人书,现在的孩子未必知道它是什么,其实就是连环画。

② 中国古代没有当代这种样式的连环画,这种在鸦片战争后被人称为"新式连环画"的创作手法也是舶来品。中国最早的连环画,出现在上海《申报》的新画画刊上。

③ 1925年,连环画《西游记》由上海世界书局❶出版。由于它文字生动活泼,绘画精美逼真,沪上人人争睹抢阅。上海美术界给它起了个名字叫"连环画",市民中却流行起"小人书"一词。

④ 1921年创办的世界书局,是当时出版连环画最重要的机构,除了《西游记》以外,还出版了《三国志》、《水浒》。眼下,这些书都已成为收藏者中的抢手货。

⑤ 解放后,连环画一直是少年儿童的主要读物,现在的中年人都记得,小人书一直伴随着他们的童年。书中不仅有生动诱人的故事,还有丰富有趣的知识。不少人接触古今中外的名著,就是从小人书开始的。据有关资料统计,从1950年到"文革"❷前,出版连环画一万多种,印数达七亿多册。

⑥ 今天从收藏的角度讲,这些连环画当然不可能都有很高的收藏价值。那么,收藏家们对什么样的作品情有独钟呢?

⑦ 首先,他们钟情于"旧版连环画"。旧版连环画指1979年以前

出版的连环画,其中又以古今中外的名著改编的"名著本"收藏价值最高。名著本中备受欢迎的,是以中国古典文学名著为题材的"中国古典本"。

⑧ 其次,不同版本和不同出版社的旧版连环画差别也很大,这不仅是由于不同的版本、不同的出版单位的连环画质量不同,也与存世量有关。

⑨ 另外,绘画手法也决定其收藏价值。旧版连环画绘画手法是多种多样的,其中以中国传统白描手法绘制的作品收藏价值最高,这种手法绘制的精品连环画真实、细腻、典雅、简洁,在世界连环画创作中独具特色。

(根据发仔同名文章改写)

注:
❶ 世界书局:1921年成立,1950年春停业。出版书籍涉及哲学、社会科学、科学技术、丛书、工具书、文艺、美术类。
❷ "文革"即"文化大革命"。

练 习

一、听全文,选择正确答案:
　　本文的主要内容是什么?
　　A. 小人书的收藏价值 √
　　B. 中国人喜欢收藏
　　C. 收藏在中国很有传统

二、根据第一段内容,判断正误:
　　1. 收藏家们开始收藏邮票、旧报纸,后来就收藏古钱币、字画、小人书。
　　　　　　　　　　　　　　　　　　　　　　　　　　　　(×)
　　2. 中国现在有十多万人从事收藏。　　　　　　　　　　(×)

3. 现在的人把连环画叫小人书。　　　　　　　　　　　　　　　　（✗）
4. 中国私人收藏的历史很长。　　　　　　　　　　　　　　　　　（√）
5. 中国历史上曾出现过收藏热。　　　　　　　　　　　　　　　　（√）

三、根据第二、三四段内容，判断正误：
　　1. 新式连环画不是中国土生土长的东西。　　　　　　　　　　　（√）
　　2. "新式连环画"都是鸦片战争后进口的。　　　　　　　　　　　（✗）
　　3. 中国最早的连环画是在上海的《申报》上发表的。　　　　　　（√）
　　4. 新式连环画一问世就很受欢迎。　　　　　　　　　　　　　　（√）
　　5. 1925年连环画《西游记》出版。　　　　　　　　　　　　　　（√）
　　6.《西游记》画得也好，文字也好，人们都抢着看。　　　　　　（√）
　　7. 小人书这个名字是在美术界传开的。　　　　　　　　　　　　（✗）
　　8. 世界书局出了不少小人书。　　　　　　　　　　　　　　　　（√）
　　9.《三国志》、《水浒》也是收藏者的最爱。　　　　　　　　　　（√）

四、根据第五段内容，判断正误：
　　1. 解放后，中国少年儿童除了小人书，什么也不看。　　　　　　（✗）
　　2. 现在的中年人就是看着连环画长大的。　　　　　　　　　　　（√）
　　3. 小人书故事性强，知识丰富有趣。　　　　　　　　　　　　　（√）
　　4. 人们都是先看小人书，后看名著。　　　　　　　　　　　　　（✗）
　　5. 1950年到文革，中国出版小人书一万多册。　　　　　　　　　（✗）
　　6. 1950年到文革，中国出版小人书七亿多册。　　　　　　　　　（√）

五、根据第六、七、八、九段内容，判断正误：
　　1. 收藏家都喜欢旧版连环画。　　　　　　　　　　　　　　　　（√）
　　2. 1979年以前出版的连环画是旧版连环画。　　　　　　　　　　（√）
　　3. "名著本"仅限于中国古典名著改编的小人书。　　　　　　　　（✗）
　　4. 不管哪家出版社，不管什么版本的旧版连环画，价值都一样。　（✗）
　　5. 各家出版社的连环画质量不一样。　　　　　　　　　　　　　（√）
　　6. 存世量也决定其收藏价值。　　　　　　　　　　　　　　　　（√）
　　7. 中国传统白描手法绘制的连环画收藏价值最高。　　　　　　　（√）
　　8. 中国传统白描手法也是舶来品。　　　　　　　　　　　　　　（✗）

六、根据第六、七、八、九段内容,我们绘制了与收藏价值相关的评价图表(见表一),从表中我们可以知道,满足了什么条件的连环画是最受收藏者欢迎的。表二是一些连环画收藏品,表的最后一项是对其收藏价值的先后排序,请参考表一说一说,你同意这样排吗,道理是什么?

表一

条件	价值	价值	条件	价值	价值
1979年前出版	+		存世量多		−
1979年后出版		−	存世量少	+	
中国古典本	+		中国传统白描手法绘制	+	
普通名著本		−	其他手法绘制		−
有名的老出版单位	+				
一般出版单位		−			

(注:+ 表示收藏价值高,− 表示相比之下收藏价值低)

表二

书名或题材	出版年代	出版单位	绘画手法(色彩情况)	存世量	收藏价值排序
《三国志》	1995	北京某出版社	彩色	多	④
《水浒》	不详	世界书局	传统白描	极少	①
外国名著改编	1970	不详	传统白描	有限	③
外国名著改编	不详	世界书局	传统白描	极少	②
《西游记》	1985	不详	彩色	多	⑤

北大版留学生本科汉语教材·语言技能系列

汉语高级听力教程

上册 生词和练习
（第二版）

Chinese Advanced Listening Course

中国語上級ヒアリングテキスト

중국어 고급 청력 교정

幺书君 编著

编写说明

新版《汉语高级听力教程》是在原《汉语高级听力教程》的基础上修订、增删而成的。主要变动为:原教程只有一册,新版教程为二册;新版教程在体例及教学方式的设计上均有较大的改进。

一、适用对象

新版教程的教学对象是已具有中级汉语水平,掌握了或广泛涉及了汉语水平等级大纲中甲、乙、丙三级词汇的外国留学生。

二、教学目标

学完本教材的学生,除了能较好地提高日常交际中听的能力以外,也能较好地提高对专业性内容的听力理解能力,对增强高级HSK的应试能力亦会有所帮助。

三、编写原则

1. 新版教程内容广泛涉及社会生活的各个方面,力图"全景式"地反映当代中国的社会面貌。这是因为进入这一阶段学习的学生,其听力水平已经可以接受较为广泛的内容,同时,了解最新的中国社会生活,也是绝大多数学生的意愿和要求。

2. 新版教程既考虑了与《汉语中级听力教程》的衔接,又考虑了高级阶段听力课的教学特点,体例上有所突破。

3. 采用"词语链接法"这一突出语素教学理念的听力训练方法训练听力,是在总结、完善课堂教学经验的基础上所做的新探索。

四、体例设计

新教程为上下两册,每册15课,每课为4学时(一周)的教学内容。每册书适合一学期使用,两册书可使用一学年。

上下册均有"课文"、"生词和练习"两个分册("课文"分册标有参考答案)。每课由生词、词语链、短文、课文、练习构成,个别课有注释。

1. 生词

《汉语高级听力教程》中的生词为 HSK 词汇大纲中的丁级词及部分实用和必需的超纲词。

生词注释时,为便于学生从词汇的语素义理解整个词义,教材先对一些词汇中的语素或词语的意思做了注释,之后再解释整个词汇的意思。如"口诛笔伐"、"无独有偶"、"当务之急",目的是帮助学生通过对语素或词语意思的理解,进而理解整个词汇,而不是死记硬背。

词汇注释后,括号中的词汇串是本词汇中某一语素可构成的其他词汇,选择进入词汇串的词汇时考虑了可理解性、常用性及学生水平。

2. 词语链

词语链中的词汇出自短文和课文,这些词汇不列入生词表,而是设计一个语境,让有关的词语出现在具体的语境中,以此来训练学生通过具体的语境来解读和认知有关词语的能力。如"外出"、"人生"、"心中"(丁级词)、"伟人"(超纲词)、"无趣"、"足不出户"(词典中未收),特别是词典中未收的一些词语,出现在词语链中,用这种方法来训练学生根据语境及语素义理解特定词语含义的能力。

3. 短文

短文语料包括三种形式:较为规范的汉语、口语体特点突出的对话及真正的、自然的口语。前两种短文是教材编写者编写的,真正的、自然的口语内容选自电视节目中的谈话、采访节目。我们希望通过这部教材,使学生接触到语体风格不同的汉语。

4. 课文

新版教程保留了旧版教材中受欢迎的一部分课文,增加了一些能够反映当代中国社会风貌的新内容。编排中,除了考虑字数外,也考虑了难度因素。因此课文的编排顺序并不完全根据课文长短来决定。

此外,根据需要,编者还对个别课文做了注释,以便于学生正确理解课文,顺利完成习题。

5. 练习

练习题主要有两类:前面的练习通常是针对全文概括性的理解而设计的;后面的练习是针对课文听力方面的逐段训练而设计的。编者希望以此来体现教学的层次性。其中选字(/词)填空类练习是希望学生能根据语境选择正确的汉字。实践证明,这是一种训练留学生汉语听力理解的有效方式。

五、教学建议

1. 为便于教学,词语链中的短文将配备录音,但在面对面授课时,教师可以不用录音,口述句子更有利于学生理解。

2. 词汇串的教学方式教师可以自行处理:其一,可以不作为教学内容,学生自己看,能接受多少就接受多少,教师和学生都不必把这一部分当成负担;其二,可以上课带读,让学生慢慢领悟——汉语有这样的特点;其三,可以把词汇串中的语素义和词汇义结合起来适当加以讲解。做这方面引导时,可以要求学生不看书,不看词汇表,教师慢慢说,学生慢慢听,学生听时一定会很用心地跟着教师想,这样效果会更好。

3. 一些课的练习设计先选出课文的一段,希望学生能先把它听懂。这样的段落都是教学中难度较大的部分。

4. 个别课文生词很多,练习题较少,(类似第十四课短文(二)中的情况),这样的语段,只希望学生带着生词,从有声语料中筛选出主要内容。

至于课堂操作中录音听几遍,可视学生的具体情况灵活掌握。

新版教程的编写充分吸收了中国人民大学对外语言文化学院历届留学生和有关教师的意见,学院的同事给了我很多有益的启发和帮助,在此一并致谢。

本教材编写做了某些大胆的尝试,希望有助于听力教材编写模式的改进,更希望通过本教材的使用,学习者不仅能更快更好地提高汉语听力理解能力,而且能够获得某些提高汉语听力能力的方法和技巧。

编 者

目录

第 一 课　有记忆生词的好办法？/1
　　词语链/1
　　听短文/3
　　课　文　有记忆生词的好办法？/4

第 二 课　关于隐私/7
　　词语链/7
　　听短文/10
　　课　文　关于隐私/12

第 三 课　生命的渴望/17
　　词语链/17
　　听短文/19
　　课　文　生命的渴望/21

第 四 课　中医和西医/27
　　词语链/27
　　听短文/28
　　课　文　中医和西医/31

第 五 课　年俗新风/35
　　词语链/35
　　听短文/37
　　课　文　年俗新风/40

第 六 课　关于幸福/45
　　词语链/45
　　听短文/46
　　课　文　关于幸福/49

第 七 课　来自NEET的调查报告/53
　　词语链/53
　　听短文/55
　　课　文　来自NEET的调查报告/58

第 八 课　你心中谁最重要？/62
　　词语链/62
　　听短文/63
　　课　文　你心中谁最重要？/65

第 九 课　唐太宗李世民/69
　　词语链/69
　　听短文/70
　　课　文　唐太宗李世民/74

第 十 课　明主与贤臣/79
　　词语链/79
　　听短文/80
　　课　文　明主与贤臣/82

第十一课　从"阴阳"说开去/86
　　词语链/86
　　听短文/87
　　课　文　从"阴阳"说开去/90

第十二课　"地球博士"/94
　　词语链/94
　　听短文/95
　　课　文　"地球博士"/98

第十三课　人口与粮食/102
　　词语链/102
　　听短文/103
　　课　文　人口与粮食/106

第十四课　拉　链/111
　　词语链/111
　　听短文/113
　　课　文　拉　链/116

第十五课　小人书大热门/120
　　词语链/120
　　听短文/121
　　课　文　小人书大热门/123

生词总表/128

第一课 有记忆生词的好办法吗?

词语链

1. 回答问题：
   (1) _____ _____
   (2) _____ _____
   (3) 你还能说出带"币"的词吗?

2. 回答问题：
   (1) 这段对话的主要内容是什么?

   (2) 参考地图回答,长城"横贯中国"是什么意思?

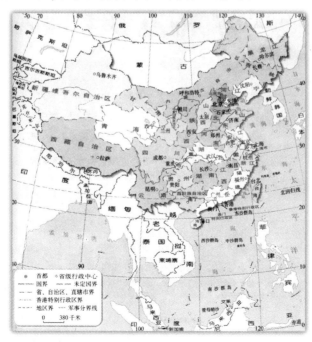

(3) 古人为什么修都江堰？都江堰有什么"不可思议"的？

(4) "京杭大运河"是从哪儿到哪儿？前后修了多长时间？

(5) _____

(6) 录音中除了"费时"，还说了"费"什么？你还能说出带"费"的词吗？

3. 回答问题：

(1) 你能说出"时"的同义词是什么吗？

(2) "我孩子时，不爱说话"，"我小学生时，是个不好的学生"，这两句话是不对的，正确的句子应该怎么说？

4. 回答问题：

(1) 录音中除了"大款"，还说了什么"款"？你还能说出带"款"的词吗？

(2) "菜单"、"罚款单"中的"单"是什么意思？你还能说出带"单"的词吗？

5. 回答问题：

录音中的"酸甜苦辣"是什么意思？

(一)

生 词

1. 夹克衫　　（名）　jiākèshān
   也可以说"夹克"。一种长短只到腰部，下口束紧的短外套。(jacket；ジャケット；점퍼)

2. 兜儿　　　（名）　dōur
   衣服上的口袋或者装东西的像口袋的东西。(兜儿：裤兜儿，上衣兜儿)

3. 摊商　　　（名）　tānshāng
   摆摊卖东西的人。(摊：菜摊，水果摊，摊主；商：商人)

根据录音内容选择正确答案：

1. A. 他没带零钱　　　　　B. 他没零钱了
   C. 他的钱被偷了　　　　D. 他只带了100元

2. A. 是　　　　　　　　　B. 不是
   C. 不知道

3. A. 评论　　　　　　　　B. 称赞
   C. 埋怨　　　　　　　　D. 责备

（二）

根据录音内容选择正确答案：

A. 100 元　　　　　　　　B. 200 元
C. 118 元　　　　　　　　D. 82 元

有记忆生词的好办法吗？

生　词

1. 蜻蜓　（名）　qīngtíng
   一种昆虫，可以捕食蚊子等小飞虫，能高飞。(dragonfly；トンボ；왕잠자리)

2. 组合　（动）　zǔhé
   组织，合并到一起。(组：组装，组成；合：合伙，合影，合作，合二为一，合谋)

3. 联想　（动）　liánxiǎng
   由某人、某事或某一想法而想到其他的人、事或想法。(联：联系，联合，联合国，联络，联运；想：感想，想法，设想，苦想，试想)

4. 不妨　（副）　bùfáng
   表示可以这样做，没什么妨碍。

5. 储存　（动）　chǔcún
   把钱、东西存放起来备用。(储：储藏，储备，储蓄；存：存储，存款，存折，存钱，存单)

6. 红灯　（名）　hóngdēng
   交叉路口的红色信号灯。

7. 相加　　　　　xiāng jiā
   把两个或几个合在一起。(相：相处，相关，相识，相反；加：加法，加号)

8. 落水　　　　　luò shuǐ
掉到水中。(落:落泪,落叶,落井下石,飘落;水:水温,水柱,水源,水落石出)

9. 用作　　　　　yòng zuò
当做……用,课文中的"用作比喻"就是"当做比喻用"。

10. 比喻　(名)　bǐyù
用有类似特点的事物来比方想要说明的事物,以便表达得更清楚,更生动。(比:比方,比如,好比)

11. 字义　(名)　zìyì
字表示的意义。(字:字形,字音,字里行间;义:词义,含义,广义,狭义)

12. 推而广之　　tuī ér guǎng zhī
推广。(推:推动,推销,推行;广:广告,广播)

 练　习

一、听全文,回答问题:

1. 记忆生词有好办法吗?如果有,是什么?

2. 中国人掌握汉语的办法和留学生学习汉语的办法一样吗?如果不一样,差别在哪里?

二、根据第一段内容,选择正确答案:

1. A. 这个词特别有趣　　　　　　　B. "萄"的意思是"葡萄"
   C. "葡"的意思是"葡萄"　　　　　D. 两个字在一起才有意思

2. A. 都是非常科学的汉语词汇　　　B. 其中有一个字以前没学过
   C. 词义和每个字的意思有关　　　D. 听半天也不知道是什么词

3. A. 地震　　　　　　　　　　　　B. 虫灾
   C. 风灾　　　　　　　　　　　　D. 火灾

三、根据第二段内容,选词填空:

这需要我们在学习生词的时候弄清楚汉字的基本意思,看到或听到新词的时候,根据语言环境,充分发挥你的联想能力,也许那个新词并不能算是生词。比如,下面有四个句子,你不妨试一试:

"那年冬天真的很冷,零下20多度,(　　　)水成冰。"

句子中的"dī水成冰"是什么意思?当然是形容天冷,冷得水dī在地上马上就变成冰了。那,汉字你也会写了吧?

再听下面三句:

"不会游泳就不要(　　　)水,多危险呀,差点儿没淹死吧,告诉你(　　　),你就是不信。"

"妈妈说,她小的时候在农村,家里差不多要储存一年的粮食,要不,碰上(　　　)怎么办?"

"同志,现在是红灯,你违反交通规则了,按规定罚200,这是罚单。"

① A. 滴　　　　　B. 低　　　　　C. 积
② A. 下　　　　　B. 吓　　　　　C. 加
③ A. 谁说无情　　B. 水火无穷　　C. 水火无情
④ A. 灾年　　　　B. 财源　　　　C. 减产

四、根据第三段内容,选择正确答案:

1. A. 家里有人外出旅游　　　　B. 全家一起出外旅游
   C. 带上行李出门旅游　　　　D. 家里的长辈出门旅游

2. A. 不会游泳的孩子　　　　　B. 掉进水里的孩子
   C. 跳进水里的孩子　　　　　D. 喜欢玩儿水的孩子

3. A. 常常用在比喻句中　　　　B. 词义等于字义相加
   C. 字义和词义没关系　　　　D. 不能按字义推出词义

4. A. 重视每个汉字的意思　　　B. 记住每个汉字的写法
   C. 记住每个词汇的意思　　　D. 重视词汇的比喻用法

5. A. 水牛　　　　　　　　　　B. 风灾
   C. 安危　　　　　　　　　　D. 罚单

第二课　关于隐私

词语链

1. 回答问题：
   _____

2. 回答问题：
   _____

3. 回答问题：
   (1) 用你的话说一说，老郭是个什么样的人？

   (2) _____

4. 回答问题：
   _____

5. 回答问题：
   (1) 从对话我们知道什么？

   (2) _____

6. 回答问题：
   _____

7. 回答问题:

(1) 这段话的主要内容是什么?

(2) _____

(3) 你认为"身外之物"还包括什么?

8. 回答问题:

(1) 芳芳有什么特点?

(2) _____ _____

9. 回答问题:

(1) 从对话我们知道什么?

(2) _____

(3) 你还能说出带"出于"的句子吗?

10. 回答问题:

(1) "唯有"是什么意思?

(2) 你还能说出带"唯"的词吗?

11. 回答问题:

_____

12. 回答问题:

(1) 这段话的主要内容是什么?

(2) _____

13. 回答问题：
    (1) _____
    (2) 父母结婚时,父亲经济状况怎么样?

    (3) 录音中用什么词形容父亲穷?你认为是哪几个字?

14. 回答问题：
    (1) 这段话的主要内容是什么?

    (2) _____

15. 回答问题：
    (1) 这段对话的主要内容是什么?

    (2) _____

16. 回答问题：
    _____

17. 回答问题：
    (1) 这段对话的主要内容是什么?

    (2) _____
    (3) 录音中除了"违法",还说了"违"什么?你还能说出带"违"的词吗?

（一）

生 词

1. 排他性　　（名）　　páitāxìng
   一事物不允许另一事物与自己在同一范围内共存的特性。(排:排除,排外;他:其他,他人)

2. 癖好　　（名）　　pǐhào
   对某一事物的特别爱好。(好:好客,好奇,好胜,好学,好战,爱好,喜好)

3. 水落石出　　（成）　　shuǐ luò shí chū
   水落下去以后,石头自然会显露出来,比喻彻底弄清事情的真实情况。

4. 愉悦　　（形）　　yúyuè
   高兴。(愉:愉快;悦:喜悦)

5. 偷窃　　（动）　　tōuqiè
   偷。(偷:小偷;窃:窃取)

6. 窃贼　　（名）　　qièzéi
   小偷。(贼:贼走关门,贼喊捉贼)

7. 憎恶　　（动）　　zēngwù
   极其反感、痛恨。(憎:憎恨,可憎,爱憎分明,面目可憎;恶:可恶,厌恶)

8. 人格　　（名）　　réngé
   人的道德品质。(格:风格,品格,性格,别具一格)

9. 起码　　（形）　　qǐmǎ
   最低限度。

根据录音内容选择正确答案：

1. A. 能吸引别人　　　　　B. 有其独特性
   C. 是身外之物　　　　　D. 不许他人进入

2. A. 管别人闲事的人　　　　B. 爱好广泛的人
   C. 精神不健康的人　　　　D. 对事情认真的人

3. A. 把他当小偷　　　　　　B. 觉得无所谓
   C. 侮辱、讨厌他　　　　　D. 讨厌、痛恨他

4. A. 不尊重人　　　　　　　B. 偷窃财物
   C. 心理有问题　　　　　　D. 爱好很特殊

（二）

生　词

1. 高考　　　（名）　gāokǎo
   高等学校入学考试。

2. 落榜　　　　　　　luò bǎng
   指考试失败。

3. 没戏　　　　　　　méi xì
   没有希望。

4. 念叨　　　（动）　niàndao
   说，谈论。

5. 闺女　　　（名）　guīnü
   女儿。

6. 恨铁不成钢　　　　hèn tiě bù chéng gāng
   比喻对人要求严格，希望他变得更好。

7. 一棵树上吊死　　　yì kē shù shang diàosǐ
   比喻把希望全部寄托在一处，不想其他办法。

8. 随着　　　（介）　suízhe
   跟着。

9. 从长计议　（成）　cóng cháng jì yì
   慢慢地商讨，不急于做出决定。

10. 当务之急　（成）　dāng wù zhī jí
    应当办理的许多事情中应最先办的事。当务：应当办理的事。

 **练 习**

根据录音内容选择正确答案:

1. A. 叔叔批评过女儿　　　　B. 叔叔不喜欢女儿
   C. 叔叔不让女儿唱戏　　　D. 女儿不满意叔叔

2. A. 天天挨骂　　　　　　　B. 不能唱戏了
   C. 不想活着了　　　　　　D. 没考上大学

3. A. 叔叔的女儿　　　　　　B. 女儿的同事
   C. 爸爸的妹妹　　　　　　D. 朋友的孩子

4. A. 看明明怎么想　　　　　B. 安慰安慰明明
   C. 为明明做个计划　　　　D. 为明明找个工作

 课文

关于隐私

生 词

1. **隐私**　　（名）　yǐnsī
   不愿告人的或不想公开的个人的事。(隐:隐藏,隐瞒,隐姓埋名;私:私自,私下,窃窃私语)

2. **相干**　　（动）　xiānggān
   相互之间有联系或影响(常用于否定)。(相:相爱,相反,相关,相加,相思;干:干涉,干预)

3. **在乎**　　（动）　zàihu
   放在心上。

12

4. **着落** （名） zhuóluò
可以放心的结局。课文中指结婚后有了自己的家庭。

5. **忌讳** （动） jìhuì
因风俗习惯、个人原因或怕产生不利后果,不说的话或不做的事。

6. **天地** （名） tiāndì
课文中指情感世界。

7. **以心相许** （成） yǐ xīn xiāng xǔ
把心给某人,常比喻爱情的真挚。

8. **透彻** （形） tòuchè
了解情况或分析事理详细、深入而全面。(透:看透;彻:彻底)

9. **知晓** （动） zhīxiǎo
知道。

10. **自留地** （名） zìliúdì
课文比喻归个人私有的空间。

11. **合乎** （动） héhū
符合。(合:符合,合法,合格,合适,合理,巧合,合情合理)

12. **世间** （名） shìjiān
社会上;人世间。

13. **越描越黑** yuè miáo yuè hēi
比喻越说越说不明白,越解释越解释不清。

14. **暂且** （副） zànqiě
暂时。(暂:暂时,暂停,暂用,暂住)

15. **封存** （动） fēngcún
封闭起来保存;非常完好地保存。(封:封山;存:存货,保存,去伪存真)

16. **观** （名） guān
对事物的认识或看法。(观:观点,悲观,乐观,客观,主观,世界观)

17. **颇** （副） pō
很。

18. **前提** （名） qiántí
事物发生或发展需先注意的条件或要先解决的问题。

19. **可取** （形） kěqǔ
可以接受;可以采纳。(可:可爱,可悲,可耻,可贵,可恨,可敬,可靠,可怜,可怕,可气,可恶,可惜,可喜;取:选取,取长补短)

20. 隐瞒　　　（动）　　　yǐnmán
把真实情况藏起来,不让人知道。

21. 一旦　　　（副）　　　yídàn
如果有一天。

22. 东窗事发　（成）　　　dōng chuāng shì fā
比喻所做的坏事被别人知道了。

23. 弥补　　　（动）　　　míbǔ
把亏欠的补足。

24. 说辞　　　（名）　　　shuōcí
解释;为自己推卸责任的理由。

25. 欲　　　　（名）　　　yù
取得某种东西或达到某种欲望的急切希望。(欲:食欲,贪欲,性欲)

26. 磁铁　　　（名）　　　cítiě
具有磁性的铁制物体。也称吸铁石。(magnet;磁石;자석)

27. 空隙　　　（名）　　　kòngxì
中间空着的地方。(空:空白,空地,填空)

28. 恰到好处　　　　　　　qià dào hǎochù
办事、说话分寸掌握得非常合适。

练　习

一、听全文,回答问题：

1. 中国人到底有没有隐私观念?

2. 对夫妻之间是否应有隐私,中国人是怎么看的?

二、根据第一段内容,选择正确答案：

1. A. 问的人都不认真　　　　B. 回答的人得认真

　　C. 回答越简单越好　　　　D. 双方都是出于礼貌

2. A. 十五六岁   B. 三十岁左右
   C. 五六十岁   D. 七八十岁

3. A. 前面的话说对了   B. 只有后面的话对
   C. 前面的话说错了   D. 又有了想说的话

4. A. 弄不准年龄   B. 算不清岁数
   C. 记不住年龄   D. 故意不说100岁

三、根据第一段内容,回答问题:

1. 中国人见面问"出门啊"、"吃饭了吗"到底是什么目的?

2. 十几岁的小姑娘不怕别人问年龄的原因是什么?

3. 七八十岁的人为什么不怕别人问年龄?

4. 三十岁左右的什么人有可能不愿说年龄?

5. "百岁老人"指多少岁的老人?

四、根据第二、三段内容,选择正确答案:

1. A. 经济方面   B. 情感方面
   C. 对方的经历   D. 对方的麻烦

2. A. 收入稳定   B. 没有隐私
   C. 互相了解   D. 以心相许

3. A. 心理变化   B. 经济状况
   C. 感情和心理   D. 情感的历史

4. A. 允许有隐私   B. 不怕找麻烦
   C. 误会很难免   D. 有时说不清

5. A. 非常时髦   B. 避免误会
   C. 不会伤害自己   D. 说不清的事不说

五、根据第四段内容,判断正误:

1. 专家认为保留隐私应该有限度,不可以走极端。　　　　　(　　)
2. 专家认为保护隐私只是借口,实际上隐私都不符合道德标准。(　　)
3. 任何违法行为败露后都会给别人造成巨大的经济损失。　　(　　)
4. 具有强烈占有欲的表现是不许别人有隐私。　　　　　　　(　　)
5. 要想活得不紧张不累,就得有隐私。　　　　　　　　　　(　　)
6. 实际上,任何人都占有、控制不了对方。　　　　　　　　(　　)

六、根据第四段内容,回答问题:

1. 专家的观点是什么?

2. 什么样的事不能以保护隐私为借口不告诉对方?为什么?

3. 有强烈占有欲的人会怎样?

4. 夫妻间的关系什么状态是最好的?

七、听录音,选词填空:

1. 五六十岁的说年龄也不在乎,都这么(　　)年纪了,还怕什么?
   A. 起码　　　　　B. 一大把　　　　C. 一把

2. 唯有该成家了,却还没着落的人,那年龄八成(　　)。
   A. 保密　　　　　B. 饱密　　　　　C. 跑迷

3. 大家认为夫妻之间的隐私大致包括三个方面:一是金钱,二是情感天地,三是(　　)世界。
   A. 心里　　　　　B. 经历　　　　　C. 心理

4. (　　)不少的人认为,要想完全占有和透彻地知晓对方的全部情感和心理,甚至他的情感的历史,几乎是没有必要,也是不可能的。
   A. 为数　　　　　B. 回数　　　　　C. 会使

第三课 生命的渴望

词语链

1. 回答问题：
   (1) 这段话的主要内容是什么？

   (2) _____

   (3) 录音中的爸妈都干过什么？

2. 回答问题：
   (1) 他们一家人都在什么单位工作？

   (2) 说话人的梦想是什么？

   (3) _____

   (4) "国企"、"外企"、"私企"是什么意思？

3. 回答问题：
   (1) 录音中表示男女的词你能说出几组？

   (2) 在你身边的中国人中调查一下，他们认为这几组词有区别吗？

4. 回答问题：
   (1) 这段话的主要内容是什么？

(2) 用自己的话说一说,什么是房地产业?

(3) 用自己的话说一说,什么是房地产开发商?

(4) "富翁"是什么意思?录音中还提到了什么"富翁"?

5. 回答问题:
   (1) 这段话的主要内容是什么?

   (2) 说出"疲惫"的近义词。

   (3) 录音中是怎样形容丈夫忙的?你还知道形容忙的其他表达方式吗?

6. 回答问题:
   (1) 用自己的话说一说,什么是"菜摊"?

   (2) 你还能说出带"摊"的词吗?

   (3) "摊主"是什么意思?

7. 回答问题:
   (1) 这段话的主要内容是什么?

   (2) _____

   (3) 说出"享福"的近义词。

8. 回答问题:
   (1) 说出"傻里傻气"这类词的格式。

(2) 你还能说出符合"A 里 A 气"格式的词吗？

(3) "怪里怪气,土里土气,小里小气"分别是什么意思？

（一）

生　词

1. 孝敬　　（动）　　xiàojìng
把东西送给长辈,表示敬意。(孝:孝顺,孝子;敬:尊敬,敬爱,敬佩,敬老院,敬而远之,肃然起敬)

2. 戒指　　（名）　　jièzhi
套在手指上做纪念或装饰用的东西。(ring;指輪；반지)

专　名

1. 哈宝禄　　　　　　　Hǎ Bǎolù
2. 哈军　　　　　　　　Hǎ Jūn
3. 哈斌　　　　　　　　Hǎ Bīn
4. 北京吉普汽车有限公司　Běijīng Jípǔ Qìchē Yǒuxiàn Gōngsī
5. 北京汽车厂　　　　　Běijīng Qìchē Chǎng
6. 北京汽车摩托车有限公司　Běijīng Qìchē Mótuōchē Yǒuxiàn Gōngsī

一、根据录音内容把A、B填在下面的方格中,说明哈斌和父亲所在的工厂发生了怎样的变化。

　　A 北京汽车摩托车有限公司　　　B 北京吉普汽车有限公司

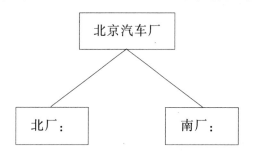

二、根据录音内容选择正确答案:

1. A. 哈宝禄夫妇　　　　　　　B. 哈宝禄和儿子
   C. 哈宝禄妻子和儿子　　　　　D. 哈宝禄夫妇和小儿子

2. A. 他们的儿子要结婚　　　　　B. 小儿子进了合资企业
   C. 大儿子找到了好工作　　　　D. 儿子送他们一对戒指

(二)

1. 补贴　　(动)　bǔtiē
   在经济上帮助。(补:补充,补助,补习,补牙;贴:贴补)

2. 家用　　(名)　jiāyòng
   家里的生活费用。(家:家教,家访,家人,家务,家族,家破人亡;用:费用,零用,日用,杂用)

3. 付出　　(动)　fùchū
   交出(对象多为钱、劳动、代价等)。(付:付款,付清,交付,支付;出:发出,放出,交出,分出,看出,伸出,提出,退出,选出,做出)

4. 差距　　(名)　chājù
   事物之间的差别程度。(差:差别,差异,温差;距:距离,相距)

5. 不公　　　（形）　　bùgōng
事情处理中,对各方的合理程度不一样,有对某一方有利的现象。(不:不合时宜,不计其数,不假思索;公:公平,公正)

6. 产业工人　　　　　chǎnyè gōngrén
在现代工业生产部门中劳动的人。(industrial worker;産業労働者;산업 노동자. 공장 직공)

7. 倾斜政策　　　　　qīngxié zhèngcè
(对某一方面、某一部分部门或人员)适当给予照顾的政策。

根据录音内容选择正确答案:

1. A. 4600 元　　　　　　　　B. 5000 多元
   C. 700 元左右　　　　　　 D. 3900 多元

2. A. 徒弟们的技术不行　　　B. 行业之间分配不公
   C. 对国有企业照顾太多　　D. 年轻人工资应该少

生命的渴望

生　词

1. 有幸　　　（形）　　yǒuxìng
有运气;很幸运。(幸:幸运,幸亏,幸好,不幸,万幸)

2. 海滩　　　（名）　　hǎitān
海边的沙滩。(滩:河滩,沙滩)

3. 结识　　　（动）　　jiéshí
认识。(结:结合,结伴,结交,结缘;识:熟识,相识,老相识)

4. 而后　　　（连）　　érhòu
   然后。

5. 温文尔雅　（成）　　wēn wén ěr yǎ
   态度温和,举止文雅。

6. 崇尚　　　（动）　　chóngshàng
   重视并给予很高的评价。(崇:崇拜,崇敬,尊崇;尚:风尚,高尚,时尚)

7. 礼仪　　　（名）　　lǐyí
   表示尊敬的言行。(礼:礼节,礼拜,礼貌)

8. 柔情似水　　　　　　róuqíng sì shuǐ
   形容十分温柔。

9. 探寻　　　（动）　　tànxún
   试探,寻找。(探:探求,探索,探听,探险,试探;寻:寻机,寻求,寻找,追寻)

10. 生怕　　　（动）　　shēngpà
    很怕。(生:生疼;怕:怕人,怕事,怕死,怕羞,害怕,后怕,可怕,欺软怕硬)

11. 殷实　　　（形）　　yīnshí
    富裕。(殷:殷富;实:实足,充实,坚实,结实,扎实,脚踏实地)

12. 过于　　　（副）　　guòyú
    过分。(过:过度,过多,过分,过火,过奖,过量,过人,过剩,过重,超过,胜过,言过其实)

13. 偏爱　　　（动）　　piān'ài
    特别喜爱。(偏:偏见,偏向,偏心;爱:爱国,爱神,爱怜,爱财如命)

14. 眉宇间　　　　　　méiyǔ jiān
    两眉上面的地方,泛指面部表情。

15. 显现　　　（动）　　xiǎnxiàn
    表现,露出。(显:显露,显示,显微镜;现:表现,呈现,发现,浮现,闪现,实现,体现,再现,展现)

16. 热血沸腾　　　　　　rèxuè fèiténg
    比喻充满热情地(做某事)。比喻情绪高涨、激动。

17. 满腔　　　（动）　　mǎnqiāng
    胸中充满。

18. 奔波　　　（动）　　bēnbō
    忙忙碌碌地往来奔走。(奔:奔驰,奔忙,奔跑,飞奔)

19. 松弛　　　（形）　　sōngchí
    (结构)不紧密。(松:松劲,松气,松散,松懈;弛:弛缓)

20. 三天两头　　　　　　　sāntiān liǎngtóu
    形容次数多。

21. 憨厚　　　　（形）　　hānhòu
    老实,厚道。

22. 淌　　　　　（动）　　tǎng
    流。

23. 泥巴　　　　（名）　　níbā
    泥。

24. 啃　　　　　（动）　　kěn
    一点一点地往下咬。

25. 任凭　　　　（动）　　rènpíng
    人或事物愿意怎样就怎样。(任:任性,任意,放任,听任;凭:听凭)

26. 腾腾　　　　　　　　　téngténg
    (气体等)很盛,不断上升的样子。

27. 疼爱　　　　（动）　　téng'ài
    关心喜爱。(疼:心疼)

28. 哄　　　　　（动）　　hǒng
    用言语或行动使人高兴。

29. 浮动起　　　　　　　　fúdòng qǐ
    课文中指故事出现在脑海中。

30. 滥　　　　　（形）　　làn
    过度。(滥:滥砍滥伐,滥用职权,滥竽充数,粗制滥造)

31. 渔夫　　　　（名）　　yúfū
    以打鱼为生的男子。

32. 悠闲　　　　（形）　　yōuxián
    清闲安逸,很舒心。(悠:悠然;闲:闲逛,闲人,闲心,安闲,空闲,轻闲,休闲)

33. 不可思议　　（成）　　bù kě sīyì
    不能想象,不能理解。

34. 惋惜　　　　（形）　　wǎnxī
    可惜。

35. 航运　　　　（名）　　hángyùn
    水上运输的统称。(航:航船,航海;运:运送,搬运,海运,空运,陆运,水运,偷运,转运)

专　名

夏威夷　　　　　　Xiàwēiyí

练　习

一、听全文,回答问题:

1. 这篇课文一共讲了几个故事?

2. 给你印象最深的是哪个故事?你能大致讲一下吗?

二、根据第一、二段内容,判断正误:

1. 认识了这位北京姑娘,我感到很幸福。　　　　　　　　　(　)
2. 北京姑娘的丈夫很文雅。　　　　　　　　　　　　　　　(　)
3. 丈夫认为妻子聪明,不怕苦,非常优秀。　　　　　　　　(　)
4. 他们的日子很富有。　　　　　　　　　　　　　　　　　(　)
5. 北京姑娘的命运很好。　　　　　　　　　　　　　　　　(　)
6. 好运气都降临到北京姑娘头上了。　　　　　　　　　　　(　)
7. 北京姑娘做过电脑生意。　　　　　　　　　　　　　　　(　)
8. 北京姑娘喜欢盖房子。　　　　　　　　　　　　　　　　(　)
9. 北京姑娘每天都吃汉堡包和方便面。　　　　　　　　　　(　)
10. 北京姑娘过早地衰老了。　　　　　　　　　　　　　　　(　)

三、根据第一、二段内容,选择正确答案:

1. A. 想看懂我们在说什么　　　B. 怕我们伤害他的妻子
　　C. 也想加入我们的谈话　　　D. 像孩子一样充满好奇

2. A. 他重感情　　　　　　　　B. 他很听话
　　C. 他会游泳　　　　　　　　D. 他很温柔

3. A. 非常努力　　　　　　　　B. 糊里糊涂
   C. 充满热情　　　　　　　　D. 拼出性命

4. A. 收入的增加　　　　　　　B. 工作的乐趣
   C. 让丈夫高兴　　　　　　　D. 生活的偏爱

四、根据第三段内容,判断正误:
   1. 作者每三天去买两次菜。　　　　　　　　　　　　(　　)
   2. 摊主是位天真又有点傻气的中年人。　　　　　　　(　　)
   3. 摊主很忙,妻子却很悠闲。　　　　　　　　　　　(　　)
   4. 摊主身边的妻子总冲丈夫笑。　　　　　　　　　　(　　)
   5. 摊主怎么忙,妻子也不帮。　　　　　　　　　　　(　　)
   6. 摊主的妻子确实有点儿傻。　　　　　　　　　　　(　　)
   7. 这对贫贱夫妻的生活中并不缺少爱。　　　　　　　(　　)

五、根据第四段内容,回答问题:
   1. 试着讲一讲渔夫和富翁的故事。

   2. 你渴望的是什么样的生活?

六、听录音,选词填空:
   1. 我有幸在夏威夷海滩上结识了一位(　　)的北京姑娘。
      A. 地道　　　　　　B. 的道　　　　　　C. 奇妙

   2. 她的眉宇间却没有半点儿满足,显现的全都是对(　　)的投入。
      A. 事业　　　　　　B. 实业　　　　　　C. 失业

   3. 她每天都在奔波,日常吃的是汉堡包和方便面,(　　)脸上出现了不该有的疲惫的暗色和松弛。
      A. 一直　　　　　　B. 于是　　　　　　C. 以致

4. 我三天两头儿就要到我家附近的一个菜摊去买菜。摊主是位憨厚的中年人,他常忙得头上淌着汗,手上(　　)泥巴,而他的身边总是坐着一位白白胖胖、老冲你笑的女人,在那儿吃着萝卜,啃着黄瓜。这是他那个比(　　)多了几分傻气的老婆。

①　A. 沾着　　　　B. 站着　　　　C. 看着
②　A. 长人　　　　B. 常人　　　　C. 旁人

第四课 中医和西医

词语链

1. 回答问题：

   (1) 这段对话的主要内容是什么？

   (2) 录音中除了"牙疼"，还说了"牙"什么？

   (3) "头疼脑热"是什么意思？

   (4) 西医的"骨科"中医叫什么？

   (5) 中西医结合的正骨怎么看病？中西医结合有什么好处？

2. 回答问题：

   (1) 这段对话的主要内容是什么？

   (2) "厂家直销"是什么意思？"厂家"、"商家"是什么意思？

   (3) _____

3. 回答问题：

   (1) 父亲和其他人喝茶有什么不同？

   (2) _____
   (3) _____

4. 回答问题：

(1) 这段话的主要内容是什么？

(2) _____
(3) _____
(4) _____

5. 回答问题：
_____

6. 回答问题：
白血球有什么用？

7. 回答问题：
_____

8. 回答问题：

(1) 这段话的主要内容是什么？

(2) "撒谎被妈妈发现了可不是闹着玩儿的"这句话是什么意思？

(3) _____

（一）

生 词

1. 包治百病　　　　　　bāo zhì bǎi bìng
   课文中指保证能治好各种病。(包：包管，包用，包你满意)

2. **神效** （名） shénxiào
出奇的效果。(神:神秘,神奇,神人,神速,神医,兵贵神速;效:效率,成效,见效,疗效,生效,特效,失效,收效,无效,有效)

3. **王婆卖瓜** Wángpó mài guā
俗语"王婆卖瓜——自卖自夸",比喻自我表扬,自我吹牛。

4. **牙周炎** （名） yázhōuyán
一种口腔疾病。

5. **取而代之** （成） qǔ ér dài zhī
用这个代替那个。之:他(它)。

6. **多多益善** （成） duōduō yì shàn
越多越好。益:更加。

 练 习

根据录音内容选择正确答案:

1. A. 治病　　　　　　　B. 防病
　 C. 消炎　　　　　　　D. 去牙石

2. A. 找大夫治　　　　　B. 多用牙膏
　 C. 用药物牙膏　　　　D. 找专家咨询

3. A. 牙膏治病确有奇效　　B. 牙医不如牙膏可靠
　 C. 牙膏广告言过其实　　D. 药物牙膏包治百病

(二)

生 词

1. **病毒** （名） bìngdú
(virus;ウイルス;병독. 바이러스.)

2. **包裹** （动） bāoguǒ
包,包扎。(包:包扎,包装;裹:裹足不前)

3. 鼻腔　　　（名）　　bíqiāng
   鼻子内部空的部分,有左右两个。(鼻:鼻孔,鼻音;腔:口腔,腹腔,胸腔)

4. 核心　　　（名）　　héxīn
   中心。

5. 对抗　　　（动）　　duìkàng
   与另一方对立,二者相持不下。(对:对局,对立,对手,对立面,对台戏;抗:抵抗,对抗赛)

6. 免疫系统　　　　　miǎnyì xìtǒng
   人体内可以抵抗传染病的一套系统。

7. 鼻塞　　　　　　　bí sāi
   鼻子不通气。(塞:塞车)

8. 鼻涕　　　（名）　　bítì
   鼻子中流出的液体。

9. 打喷嚏　　　　　　dǎ pēntì
   鼻黏(nián)膜受刺激后,鼻孔急剧吸气,之后很快喷出,并发出声音的现象。

根据录音内容选择正确答案:

1. A. 冬天应该用冷水　　　　B. 人的脚最怕着凉
   C. 受凉以后容易感冒　　　D. 感冒和寒冷没关系

2. A. 血液　　　　　　　　　B. 鼻子
   C. 肺部　　　　　　　　　D. 冷水

中医和西医

生　词

1. 茬儿　　　（量）　　chár
   相当于量词"次"；用于人时相当于"代"。

2. 憷　　　　（动）　　chù
   害怕，不敢向前。

3. 各有千秋　（成）　　gè yǒu qiānqiū
   各有各的长处。

4. 盲肠炎　　（名）　　mángchángyán
   也称阑尾炎。(appendicitis；盲腸炎；맹장염.)

5. 抵抗力　　（名）　　dǐkànglì
   课文中指自身对抗疾病的能力。

6. 头疼医头，脚疼医脚　tóu téng yī tóu, jiǎo téng yī jiǎo
   比喻不从根本上解决问题，只应付表面。

7. 调治　　　（动）　　tiáozhì
   调养身体，治疗疾病。(调：调节，调理，调色，调味，调整；治：治病救人，防治，医治)

8. CT　　　　（名）　　CT
   X射线电子计算机断层扫描。(CT scanning；CT；씨티(CT))

9. B超　　　（名）　　B chāo
   B型超声诊断。

10. 散发　　　（动）　　sànfā
    发出并散开。(散：散开，发散；发：发出，发给，发奖，发信，打发)

11. 诊脉(号脉)　　　　zhěn mài(hào mài)
    医生把手指按在病人腕部的动脉上，根据脉搏的变化判断病情。

12. 依赖　　　（动）　　yīlài
    依靠。(依：依附，依恋，相依为命，唇齿相依；赖：信赖)

13. 化妆　　　　　huà zhuāng
    课文中指用化妆品美容。

14. 副作用　（名）　fùzuòyòng
    和主要作用同时发生的不好的作用。

15. 明儿　　（名）　míngr
    明天。

专　名

1. 秋云　　　　　　Qiūyún
2. 《健康报》　　　Jiànkāng Bào

练　习

一、听全文，回答问题：

1. 谁没看过中医，为什么？

2. 王师傅是不是认为中医就比西医好？

二、根据第一段内容，选择正确答案：

1. A. 身体不是别人的事　　　B. 身体不和人开玩笑
   C. 没人和身体开玩笑　　　D. 不能拿身体开玩笑

2. A. 无所谓　　　　　　　　B. 很害怕
   C. 很无奈　　　　　　　　D. 不情愿

3. A. 怀疑中医　　　　　　　B. 心理发憷
   C. 喜欢西医　　　　　　　D. 中药太贵

4. A. 中医好 B. 西医好
   C. 各有所长 D. 都不怎么样

5. A. 中医最适合治感冒 B. 中医讲究全身调治
   C. 西医治头疼脚疼内行 D. 中医最适合治盲肠炎

6. A. 让西医确诊 B. 全用CT、B超
   C. 确诊不科学 D. 中西医结合

三、根据第二段内容,判断正误:
1. "望"是看病人的表情。 （   ）
2. "闻"包括闻病人的气味。 （   ）
3. 经验对于中医很重要。 （   ）
4. 中医特别反对女性化妆。 （   ）
5. 西药比中药见效慢。 （   ）
6. 中药和西药都是毒品。 （   ）
7. 说有病也没病,说没病又有病,就叫亚健康状态。 （   ）

四、听录音,选词填空:
1. 今年冬天也不知道是怎么闹的,一茬儿接一茬儿地（   ）感冒,以前没这样过。
   A. 尽 B. 净 C. 仅

2. 现在中医也有改变,讲究中西医（   ）,就是用西医手段帮助确诊,用中药治疗。
   A. 切合 B. 结合 C. 接合

3. 身体可不是（   ）着玩儿的,我们岁数大的人深有体会。有病还是得抓紧治。
   A. 弄 B. 好 C. 闹

五、讨论:
1. 为什么对中医来说,经验很重要?

2. 为什么说"出个好中医不是件容易事儿"？

3. 什么叫"中西医结合"？

4. 为什么女的看中医最好别化妆？

5. 据你所知，中国人喜欢中医还是喜欢西医？

第五课　年俗新风

词语链

1. 回答问题：

   (1) 这段对话的主要内容是什么？

   (2) 录音中除了"茶具"，还说了什么"具"？你还能说出带"具"的词吗？

   (3) 你坐的椅子有靠背和扶手吗？

   (4) _____

   (5) 古人没有椅子时怎么坐？"席地而坐"是什么意思？

   (6) _____
   (7) _____

2. 回答问题：

   (1) 天安门大约有多少年历史了？

   (2) 天安门是什么时候修建的？

3. 回答问题：
   (1) 对话的主要内容是什么？

   (2) _____

(3) "添件衣裳"是什么意思？

(4) 说出"衣裳"的同义词。

(5) "手头儿紧"、"手头儿宽裕"是什么意思？

(6) _____

4. 回答问题：

(1) 商店要搞什么活动？为什么？

(2) _____

(3) _____ _____

5. 回答问题：

(1) 对话的主要内容是什么？

(2) _____

(3) _____ _____ _____

(4) _____

(5) _____

(6) "大师傅"是干什么的？

6. 回答问题：

(1) 对话的主要内容是什么？

(2) "饭店里都是五花八门的理由来聚会的"中的"五花八门"是什么意思？

(3) _____

(4) _____ _____ _____

（一）

生　词

1. 席子　　　（名）　　xízi
用竹、草等编成的片状物品。(mat；むしろ。ござ。；돗자리)

2. 折叠　　　（动）　　zhédié
把物体的一部分回转过来,和另一部分重合,使整个东西变小,例如折叠伞。

3. 演变　　　（动）　　yǎnbiàn
发展变化。(演:演化,演进;变:改变,变化,变为,变形,变样,巨变,量变,质变)

4. 应运而生　（成）　　yìng yùn ér shēng
在适当的时机发生或出现。

5. 一连串　　（形）　　yìliánchuàn
一个接着一个。

6. 玲珑　　　（形）　　línglóng
器物精巧,细致。

7. 精巧　　　（形）　　jīngqiǎo
精细、巧妙。(精:精彩,精良,精美,精致;巧:小巧,奇巧,小巧玲珑)

专　名

1. 唐代　　　　　　　Táng Dài
2. 宋代　　　　　　　Sòng Dài

根据录音内容选择正确答案：

1. A. 宋代初期   B. 1800多年前
   C. 五六百年前   D. 大约唐代中期

2. A. 房子大了   B. 窗户高了
   C. 窗户大了   D. 家具少了

3. A. 餐具更为精美   B. 宋代才有杯盘
   C. 杯盘变为了高足   D. 家具变为了高足

（二）

生 词

1. **民居** （名） mínjū
   老百姓住的房子。（民：民风,民俗；居：故居,旧居,邻居,新居,移居）

2. **历朝历代** lìcháo lìdài
   过去的各个朝代。

3. **风风雨雨** fēngfēng yǔyǔ
   比喻不平凡的经历。

4. **得黄山之灵秀** dé Huáng Shān zhī língxiù
   受风景秀丽的黄山的影响。灵秀：灵巧,秀丽。

5. **弹丸之地** （成） dànwán zhī dì
   比喻地方很小。

6. **人才辈出** （成） réncái bèi chū
   形容有才能的人不断大量出现。辈出：一批一批地出现。

7. **红极一时** hóng jí yì shí
   一个时期非常走红。红：象征成功、顺利、受欢迎或受重视。

8. **徽商** （名） Huī shāng
   安徽省的商人。徽：安徽。

9. 学徒　　　　　　　xué tú
   学习技术。

10. 浪迹天涯　（成）　làngjì tiānyá
    没有固定的住处,远远的地方都去。天涯:形容极远的地方。

11. 吃苦耐劳　　　　　chī kǔ nài láo
    受得了苦,禁得起劳累。

12. 锐意进取　　　　　ruìyì jìnqǔ
    意志坚决,努力做出成绩。

13. 衣锦还乡　（成）　yì jǐn huán xiāng
    原指做官后,穿了锦绣衣服回乡,向亲友夸耀。现形容外出的人发达后,体面地返回故乡。

14. 光宗耀祖　（成）　guāng zōng yào zǔ
    为祖先争光,使祖先光荣。

15. 堪称　　　（动）　kānchēng
    可以称得上。

16. 中叶　　　（名）　zhōngyè
    较长的分段,如 20 世纪中叶。

17. 盛极一时　　　　　shèng jí yì shí
    一个时期非常繁荣。盛:繁荣,兴盛。

18. 宅院　　　（名）　zháiyuàn
    带院子的住房。

19. 巷子　　　（名）　xiàngzi
    胡同。

专　名

1. 西递村　　　Xīdì Cūn
2. 北宋　　　　Běi Sòng
3. 明清　　　　Míng Qīng
4. 清代　　　　Qīng Dài

练 习

根据录音内容选择正确答案：

1. A. 黄山 B. 故宫
   C. 博物馆 D. 西递村

2. A. 明朝 B. 清代中叶
   C. 北宋时期 D. 明清时期

3. A. 在家种地 B. 外出经商
   C. 发展旅游 D. 搞古建筑

4. A. 到处旅游 B. 建博物馆
   C. 盖房子、修路 D. 买漂亮衣服

年俗新风

生 词

1. 袄 （名） ǎo
   有双层布的中式上衣。

2. 时过境迁 shí guò jìng qiān
   随着时间的推移,情况发生了变化。

3. 品位 （名） pǐnwèi
   等级,档次。

4. 以往 （名） yǐwǎng
   以前。(以:以后,以来,以前;往:往年,往日,往事,往昔)

5. **模式** （名） móshì
   某种事物的标准形式。

6. **景气** （形） jǐngqì
   (经济)繁荣。

7. **甘心** （动） gānxīn
   愿意。(甘:甘愿,不甘,不甘落后,心甘情愿;心:心地善良,心狠,心情,心血,心虚,心口如一,心平气和,心直口快,担心,好心,黑心)

8. **不遗余力** （成） bù yí yú lì
   把所有的力量都用出来,一点儿不保留。(遗:遗留,后遗症,养虎遗患)

9. **营造** （动） yíngzào
   有计划、有目的地造出(气氛)。

10. **诱人** （形） yòurén
    吸引人。(诱:景色诱人)

11. **慷慨解囊** kāngkǎi jiě náng
    大大方方地拿出钱来。

12. **民以食为天** （成） mín yǐ shí wéi tiān
    对于人类生存,粮食是最重要的东西。也比喻吃饭是最重要的事情。

13. **菜篮子供应体系** càilánzi gōngyìng tǐxì
    城镇蔬菜、副食品供应体系。

14. **醉翁之意不在"吃"** zuì wēng zhī yì bú zài "chī"
    原成语为"醉翁之意不在酒",指本意不在这里,而在别的方面。课文改用了这个成语,基本意思没变。

15. **档次** （名） dàngcì
    按一定标准分成的不同等级。

16. **冷清** （形） lěngqīng
    人很少,也不热闹。(冷:冷淡,冷静;清:清静,清闲,清夜)

17. **火暴** （形） huǒbào
    热闹,红火。

18. **蹊径** （名） xījìng
    途径。

19. **打动** （动） dǎdòng
    使人感动。

20. **千古绝唱** （成） qiāngǔ juéchàng
    很多很多年来,同类作品中没有比它更好的。

21. 远走他乡　　　　　　　　　　yuǎn zǒu tāxiāng
    离开故乡,到很远的地方去。

练　习

一、听全文,回答问题:
  1. 中国人过年有了哪些变化?

  2. 春节聚餐的目的是什么?

二、根据第一、二段内容,选择正确答案:
  1. A. 有这样的传统　　　　B. 平时没时间买
     C. 这样更有个性　　　　D. 日子过得不宽裕

  2. A. 强调个性　　　　　　B. 讲究品位
     C. 盲目购物　　　　　　D. 从容购物

  3. A. 不慌不忙　　　　　　B. 非常冷静
     C. 拼命促销　　　　　　D. 特别大方

三、根据第一、二段内容,判断正误:
  1. 如今不是非要到过年才买新衣服。　　　　　　　　　(　　)
  2. 如今的消费者都很大方。　　　　　　　　　　　　　(　　)
  3. 春节到来,服装市场并不景气。　　　　　　　　　　(　　)
  4. 春节市场,商家服务态度特好。　　　　　　　　　　(　　)
  5. 今天的消费者既成熟又冷静。　　　　　　　　　　　(　　)

四、根据第三段内容,判断正误:
  1. 以往过年,聚在一起吃顿饭是最重要的事了。　　　　(　　)
  2. 以往过年,家家都集中购买大量食品。　　　　　　　(　　)

3. 如今过年,人们不买吃的了。   (   )
4. 过年不突出吃是因为平常什么都能吃到。   (   )
5. 如今过年,即使在一起吃也不是为了吃,而是在一起高兴、
   热闹。   (   )
6. 如今过年饭馆儿都停业。   (   )
7. 如今过年,饭馆儿、饭店的生意比什么时候都火。   (   )
8. 过年习惯的改变和经济的发展有关系。   (   )

五、根据第四段内容,判断正误：

1. 以前过春节,人们都去旅行。   (   )
2. 如今过春节,人们情愿登上飞机去旅行。   (   )
3. 许多年来,中国人都觉得一个人远离家乡、亲人,过节时就会
   特别想家。   (   )
4. 有一句古诗一直在中国人中流传,而且,人们都为诗中的情感
   所感动。   (   )
5. 中国人对这句古诗评价特别高。   (   )

六、听录音,选词填空：

1. 从前有这样一首儿歌:"过年好,过年好,穿新衣,(   )新袄",也有人把中国的节日比作"吃"的节日。

   A. 天   B. 添   C. 见

2. 如今不同了,面对(   )繁荣的市场,强调个性、讲究品位的购物选择,已经打破了以往过年过节盲目购物的消费模式。

   A. 日益   B. 实际   C. 奇迹

3. 人们在年前不再准备那么多吃的,春节前的集中购物也(   )往年了。

   A. 不比   B. 不必   C. 普及

4. 多少年来,"独在异乡为异客,每逢佳节倍思亲"因为(　　)出了人们的共同感受,打动着一代又一代读者,(　　)这首诗成了千古绝唱。
   ① A. 到　　　　　B. 套　　　　　C. 道
   ② A. 以至　　　　B. 一直　　　　C. 其实

第六课 关于幸福

词语链

1. 回答问题：
   (1) 这段话的主要内容是什么？

   (2) _____

   (3) "老掉牙的问题"是什么样的问题？

   (4) _____

   (5) "富有者"、"贫困者"中的"者"是什么意思？你还能说出带"者"的词语吗？

2. 回答问题：
   (1) _____   _____
   (2) _____
   (3) _____
   (4) _____
   (5) _____
   (6) "对你们而言,最重要的是念书"和"对你们来说,最重要的是念书"一样吗？

   (7) 录音中的"我"认为生活都包括什么？

3. 回答问题：

(1) 这段对话的主要内容是什么？

(2) 男的原来的工作怎么样？现在的工作怎么样？

(3) _____

(4) _____

4. 回答问题：

(1) 你认为女的是世界上最倒霉的人吗？

(2) 女的最近都得过什么病？

(3) _____

5. 回答问题：

(1) 这段话的主要内容是什么？

(2) 录音中提到了什么调查？什么排名？

(3) _____

(一)

生　词

1. 旬　　　　（名）　　　　xún
十天为一旬,如上旬指每月一日至十日。也指十岁是一旬。(旬:上旬,中旬,下旬;年近六旬,年过八旬)

2. 简朴　　（形）　　jiǎnpǔ
(语言、文笔、生活作文等)简单朴素。课文中指生活节约,不浪费。(简:简单,简洁,简便,简练,简短,简明;朴:朴实,朴素,淳朴,古朴)

3. 丰厚　　（形）　　fēnghòu
丰富。(丰:丰富,丰盛,丰收,丰衣足食)

4. 洋房　　（名）　　yángfáng
欧美式样的房屋(相对中国传统建筑而言)。

5. 无可厚非　（成）　　wú kě hòu fēi
不可深加责难,表示事情本身有它一定的道理。厚:深重;非:责难。

6. 不择手段　（成）　　bù zé shǒuduàn
为达到目的,什么手段都用得出来(含贬义)。择:选择。

7. 顾及　　（动）　　gùjí
照顾到,注意到。(顾:照顾,顾全大局,顾此失彼)

8. 不惜　　（动）　　bùxī
舍得。(不:不见得,不计其数,不可思议,不三不四,爱不释手;惜:惜别)

9. 践踏　　（动）　　jiàntà
用脚踩,比喻使……受到严重损害。

10. 生态　　（名）　　shēngtài
指生物在自然环境中生存、发展的状态。

梁从诫　　　　　Liáng Cóngjiè

根据录音内容选择正确答案:

1. A. 十几岁　　　　　　B. 七十多岁
   C. 快七十了

2. A. 有汽车,有洋房　　　B. 物质生活极度贫乏
   C. 可以大把大把花钱　　D. 物质简朴,精神富足

3. A. 做任何事情都不择手段　　B. 没有理想,只知道过日子
　　C. 非常自私,从来不管别人　　D. 自己过好日子,破坏环境

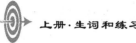

生　词

1. 后路　　　　（名）　　hòulù
   比喻可供进退选择的余地。(后:后面,后退;路:出路)

2. 一技之长　　　　　　yí jì zhī cháng
   指技术,特长。(技:技术,技艺,技巧,演技;长:长处,特长,专长,取长补短,一无所长)

3. 兴许　　　　（副）　　xīngxǔ
   也许。

4. 白领　　　　（名）　　báilǐng
   从事脑力劳动的职员。

5. 夜大　　　　（名）　　yèdà
   夜间上课的大学,多为业余性的。(夜:夜班,夜校,夜色,夜间,夜景,熬夜;大:大学)

6. 大本文凭　　　　　　dàběn wénpíng
   大学本科毕业证书。文凭:毕业证书。

7. 志气　　　　（名）　　zhìqi
   坚决做成事情的决心。

根据录音内容选择正确答案：

1. A. 她下岗了　　　　　　B. 考试太忙
   C. 忙着走后门　　　　　D. 出去常迷路

2. A. 她喜欢计算机　　　　B. 现在工资太少
   C. 万一下岗有后路　　　D. 她想干别的工作

3. A. 非常清闲 B. 不太满意
   C. 被人看不起 D. 就是离家远

4. A. 学历不高 B. 过于乐观
   C. 不敢竞争 D. 盲目高兴

5. A. 看不起人 B. 不了解人
   C. 看问题片面 D. 对人有偏心

6. A. 小丽想换个好工作 B. 小丽夜里还在看书
   C. 小丽决心考下大学文凭 D. 小丽已经变成了白领

关于幸福

生 词

1. 见仁见智 （成） jiàn rén jiàn zhì
   对同一个问题,各人有各人的看法。

2. 通俗 （形） tōngsú
   浅显易懂,适合大众的。(通:普通,通常,通病,通用；俗:俗话,俗语,雅俗共赏)

3. 肃然起敬 sùrán qǐjìng
   产生非常恭敬的感情。(肃:肃立,肃然；敬:恭敬,敬爱,敬佩,敬意,敬重,敬而远之)

4. 指数 （名） zhǐshù
   某一经济现象在不同时期数值的比数。(index;指数;指个)

5. 无独有偶 （成） wú dú yǒu ǒu
   虽然罕见,但也不是只有这一个,还有另一个。独:一个；偶:一对。

6. 舆论 （名） yúlùn
   大众的言论。

7. 哗然　　　（形）　　huárán
形容许多人吵吵嚷嚷的。

8. 质疑　　　（动）　　zhìyí
对不明白的地方提出质问。(质:质问;疑:疑点,疑义,无疑)

9. 乃至　　　（连）　　nǎizhì
甚至。

10. 口诛笔伐　（成）　　kǒu zhū bǐ fá
用语言文字揭露、批判坏的人或事。诛:痛斥;伐:声讨。

11. 乞丐　　　（名）　　qǐgài
靠向别人要饭要钱生活的人。

12. 天壤之别　　　tiān rǎng zhī bié
形容极大的差别。天壤:天和地。

13. 取决　　　（动）　　qǔjué
后面多跟"于",表示由"于"后面的条件或情况决定。

14. 方圆　　　（名）　　fāngyuán
指周围。

15. 比比皆是　（成）　　bǐbǐ jiēshì
到处都是。比比:到处,处处。

16. 诱惑　　　（动）　　yòuhuò
吸引。(诱:利诱,引诱)

17. 欲望　　　（名）　　yùwàng
要得到某个东西或达到某个目的的较强烈的想法。

18. 食不果腹　（成）　　shí bù guǒ fù
吃不饱肚子。果:充实,饱。

19. 宽泛　　　（形）　　kuānfàn
(内容或意义)宽。

20. 美味佳肴　（名）　　měiwèi jiāyáo
好吃的饭菜。

21. 五谷杂粮　　　wǔgǔ záliáng
课文中指粗粮。五谷:泛指粮食作物;杂粮:稻谷、小麦以外的粮食。

22. 津津有味　（成）　　jīnjīn yǒu wèi
形容趣味很浓。津津:兴趣浓厚的样子。

23. 席梦思　　（名）　　xímèngsī
内部装有弹簧的床垫。(simmons;スプリンブのきいた高級ベッド;시몬스 매트리스 침대)

专　名

1. 越南　　　　　Yuènán
2. 新加坡　　　　Xīnjiāpō
3. 泰国　　　　　Tàiguó
4. 印度　　　　　Yìndù

练　习

一、听下面一段话，听后用最简单的话概括一下英国的调查和中国的报告结论是什么。

二、听全文，回答问题：
　　金钱和幸福是什么关系？

三、根据第一段内容，判断正误：
　　1. "什么是幸福"是个讨论已久的问题了。　　　　　　　　（　）
　　2. 大家对"什么是幸福"，看法很不一样。　　　　　　　　（　）
　　3. 有人认为干什么都幸福。　　　　　　　　　　　　　　（　）
　　4. 有人认为得到最需要的就有幸福感。　　　　　　　　　（　）
　　5. 有人以帮助别人为幸福。　　　　　　　　　　　　　　（　）
　　6. 大家都认为有钱就幸福。　　　　　　　　　　　　　　（　）
　　7. 在亚洲，新加坡人最感幸福。　　　　　　　　　　　　（　）
　　8. 在亚洲，越南人最感幸福。　　　　　　　　　　　　　（　）
　　9. 近80%的中国人感到幸福。　　　　　　　　　　　　　（　）
　　10. 中国城镇居民比农村居民幸福感强。　　　　　　　　（　）

四、根据第二段内容,选择正确答案:

1. A. 金钱与幸福无关　　　　　　B. 没有钱也会幸福
   C. 有很多钱才会幸福　　　　　D. 没有钱不可能幸福

2. A. 不会带来很大快乐　　　　　B. 仍会带来很大快乐
   C. 希望把钱送给乞丐　　　　　D. 数量太少,不愿意要

3. A. 无所谓　　　　　　　　　　B. 有也行
   C. 可有可无　　　　　　　　　D. 非常重要

4. A. 越比越不知足　　　　　　　B. 别人有钱就眼红
   C. 生活要比别人好　　　　　　D. 只是自己好不行

5. A. 亲朋好友住得近　　　　　　B. 对生活要求不高
   C. 大家状况差不多　　　　　　D. 农村消费水平低

6. A. 有钱比健康更重要　　　　　B. 睡席梦思床爱失眠
   C. 吃五谷杂粮最幸福　　　　　D. 自己觉得幸福就幸福

五、听录音,选词填空:

1. 中国(　　)第31位,泰国、印度、日本、韩国分别 páimíng 第32位、62位、95位和102位。
   A. 派名　　　　　　B. 牌名　　　　　　C. 排名

2. 更令人想不明白的是农村居民幸福感居然(　　)城镇居民。
   A. 强于　　　　　　B. 强与　　　　　　C. 前于

3. 一旦人手中有了钱,准确地说,就是达到了(　　)时,金钱对幸福满意度的影响就小多了。
   A. 衣食无有　　　　B. 一时无忧　　　　C. 衣食无忧

4. 如果天天夜里失眠,睁着眼睛等天亮,恐怕不会比(　　)在木板床上就进入梦乡的人更有幸福感。
   A. 到　　　　　　　B. 道　　　　　　　C. 倒

第七课　来自 NEET 的调查报告

词语链

1. 回答问题：
   (1) 这段话的主要内容是什么？

   (2) _____
   (3) _____
   (4) _____
   (5) _____

2. 回答问题：
   (1) 男的主要想跟女的谈什么事情？

   (2) 录音中除了"满族",还说了什么"族"？你还能说出带"族"的词吗？

   (3) "汉族"中的"族"和"上班族"中的"族"意思一样吗？

3. 回答问题：
   (1) 这段话的主要内容是什么？

   (2) 新新最入迷的是什么？

   (3) _____
   (4) 新新为什么不愿做玩儿网络游戏之外的事？

(5) _____
(6) _____

4. 回答问题：

(1) 这段话的主要内容是什么？

(2) 张女士和父亲都是大约多少岁开始做教育工作的？

(3) _____
(4) _____
(5) _____
(6) _____

5. 回答问题：

(1) 这段对话的主要内容是什么？

(2) "以花父母的钱为耻"是什么意思？

(3) 男的天天吃什么？

6. 回答问题：

(1) 他是一个什么样的人？

(2) _____

（一）

生 词

1. 为人　　（名）　　wéirén
   与别人相处时的态度。(为:为生,为非作歹,人为,行为;人:人山人海,人定胜天,出人意料,天灾人祸)

2. 正直　　（形）　　zhèngzhí
   公正,坦率。(正:正常,正点,正规,正经,正确,正派,正义,正音,正人君子,公正,不务正业;直:直截,直爽,直率,率直,爽直,心直口快)

3. 宽容　　（形）　　kuānróng
   待人宽大,能容忍。(宽:宽大,宽厚,从宽;容:容人,容忍,包容,情理难容)

4. 谦和　　（形）　　qiānhé
   不骄傲自大,态度和善。(谦:谦让,谦虚,自谦,过谦,谦辞;和:和蔼,和平,和气,和善,和顺,和婉,和悦,和颜悦色,缓和,柔和,随和,温和,心平气和)

5. 严谨　　（形）　　yánjǐn
   说话做事严肃,能最大限度地避免不利的事情发生。(严:严密;谨:谨防,谨慎,谨严,谨言慎行,拘谨)

6. 一丝不苟　（成）　yì sī bù gǒu
   一点儿也不马虎,形容办事认真、仔细。苟:马虎。

7. 但求　　　　　　　dàn qiú
   只求。但:只。(但:但愿如此,不但;求:要求,恳求)

8. 温饱　　（名）　　wēnbǎo
   吃得饱,穿得暖的生活。(温:温暖,温泉,温室,温水,保温,南温带,北温带;饱:饱餐一顿,酒足饭饱,饱食终日)

9. 台灯　　（名）　　táidēng
   有底座,可以放在桌子上的灯。(台:台秤,台历;灯:吊灯,灯具)

| 10. 卧室 | （名） | wòshì |

睡觉的屋子。（卧：卧房，卧具，卧铺；室：教室，浴室，陋室）

| 11. 凌晨 | （名） | língchén |

天快要亮的时候。

| 12. 光合作用 | | guānghé zuòyòng |

绿色植物在日光的作用下，把水和二氧化碳合成有机物质并释放氧气的过程。

| 13. 退居二线 | | tuì jū èr xiàn |

课文中指不是强度最大，不负直接责任的工作。二线：指不负责具体工作和不负领导责任的岗位。

| 14. 育种基地 | | yù zhǒng jīdì |

培育新品种的地方。育种：培育新品种。

| 15. 乡亲 | （名） | xiāngqin |

称呼农村当地的人们。

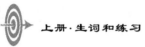

专　名

1. 李滨　　　　　Lǐ Bīn
2. 李振声　　　　Lǐ Zhènshēng
3. 济南　　　　　Jǐnán

根据录音内容选择正确答案：

1. A. 个子很高　　　　　　B. 普普通通
   C. 几近完美　　　　　　D. 身材魁伟

2. A. 做了20年调查工作　　B. 女儿继承了他的事业
   C. 每天梦里写调查报告　　D. 调查报告都在田里写

3. A. 在北京当了农民　　　　B. 把家搬到了北京
   C. 生活状况很糟糕　　　　D. 科研有了新成就

4. A. 高二后就工作了　　　　　B. 大学时卖过粮食
   C. 小时家中不富裕　　　　　D. 随便找了个工作

（二）

生　词

1. 支柱　　　（名）　　zhīzhù
   比喻最主要的力量。（支：支撑，独木难支；柱：石柱，圆柱，顶梁柱）

2. 根深蒂固　（成）　　gēn shēn dì gù
   比喻有稳固的基础，不易动摇。

3. 职场　　　（名）　　zhíchǎng
   工作、任职的场所。（职：职业，职责，本职，失职，天职；场：考场，剧场）

4. 拮据　　　（形）　　jiéjū
   (书面语)经济状境况不好，缺钱。

5. 宁愿　　　（连）　　nìngyuàn
   表示比较得失后，选取的一种做法。和"宁可"、"宁肯"相同。

根据录音内容选择正确答案：

1. A. 中国重视父亲节吗？　　　B. 妻子的收入多不多
   C. 男性是否心里平衡　　　　D. 父亲们的工作动力

2. A. 孩子　　　　　　　　　　B. 父母
   C. 房子　　　　　　　　　　D. 面子

3. A. 经济条件优越　　　　　　B. 陪伴孩子成长
   C. 中国传统观念　　　　　　D. 工作超过别人

来自 NEET 的调查报告

生 词

1. 培训　　　　　（动）　　péixùn
   培养和训练。(培:培育,培植;训:训练,教训,受训)

2. 居安思危　　　（成）　　jū ān sī wēi
   处在安定的时候,要想到可能出现的危难。指要提高警惕,以防祸患。居:处于;思:想。

3. 忧国忧民　　　　　　　　yōu guó yōu mín
   忧虑国家和百姓的事情。

4. 庸俗　　　　　（形）　　yōngsú
   平庸,不文雅。(庸:庸才,庸俗,庸医,昏庸,平庸;俗:俗气,粗俗,俗不可耐)

5. 心慈手软　　　　　　　　xīn cí shǒu ruǎn
   心地善良,不忍下手。(慈:慈爱,慈父,慈母,慈善,慈祥,慈眉善目)

6. 奉献　　　　　（动）　　fèngxiàn
   做出贡献,不要回报。

7. 公务员　　　　（名）　　gōngwùyuán
   政府机关的工作人员。

8. 资助　　　　　（动）　　zīzhù
   用钱或物帮助(别人)。

9. 媒体　　　　　（名）　　méitǐ
   指交流、传播信息的工具,如报刊、广播、电视等。

10. 咨询　　　　　（动）　　zīxún
    询问意见、看法或某方面的情况。

11. 向往　　　　　（动）　　xiàngwǎng
    因为热爱、羡慕某种事物或境界而希望得到或达到。

12. 薪水　　　　　（名）　　xīnshuǐ
    工资。(薪:薪金,年薪,加薪,月薪,工薪阶层)

13. 坦言　　　　　（动）　　　tǎnyán
坦白地说。(坦:坦率,坦白;言:言谈,言行,言传身教,言过其实,直言,胡言乱语,谨言慎行)

14. 主力军　　　　（名）　　　zhǔlìjūn
担负作战主力的部队,比喻起主要作用的力量。

15. 配偶　　　　　（名）　　　pèi'ǒu
指丈夫或妻子(多用于书面语)。

16. 意愿　　　　　（名）　　　yìyuàn
愿望,心愿。

17. 对口　　　　　（形）　　　duìkǒu
互相联系的两方在工作内容上相一致。课文中指所学专业和工作内容之间的联系,所学专业和工作内容相吻合为"对口",所学专业和工作内容没有关系为"不对口"。

专　名

1. 赵一凡　　　　Zhào Yīfán
2. 钱二凡　　　　Qián Èrfán
3. 孙三凡　　　　Sūn Sānfán

练　习

一、听全文,回答问题：
　　NEET族的主要特点是什么？

二、根据第一段内容,判断正误：
　　1. NEET族没有正式工作。　　　　　　　　　　　　（　　）
　　2. NEET族让政府觉得很麻烦。　　　　　　　　　　（　　）
　　3. NEET族不关心国家、百姓的事情。　　　　　　　（　　）
　　4. NEET族不花父母的钱。　　　　　　　　　　　　（　　）
　　5. NEET族都很能睡觉。　　　　　　　　　　　　　（　　）

6. NEET 族都爱看 DVD。　　　　　　　　　　　　　　　　(　　)

7. 赵一凡最重要的事就是玩儿电脑游戏。　　　　　　　　(　　)

8. 赵一凡很勤奋，从来不休息。　　　　　　　　　　　　(　　)

9. 赵一凡认为工作庸俗又没意思。　　　　　　　　　　　(　　)

10. 赵一凡花的都是父母的钱。　　　　　　　　　　　　　(　　)

三、根据第二段内容，选择正确答案：

1. A. 住在海边　　　　　　　　B. 考研失败
   C. 当了公务员　　　　　　　D. 准备再考研

2. A. 工作找了整整两年　　　　B. 她一心想当公务员
   C. 找不到她想干的工作　　　D. 投简历就用了三个月

3. A. 他挣的钱太多　　　　　　B. 有了想干的事
   C. 想到西藏去住　　　　　　D. 平常工作太累

四、根据第三段内容填表：

本次调查访问了多少人？	254 人
NEET 族，集中的年龄是多少岁？	
花父母的钱在 NEET 族中占多少？	36.6%
靠配偶或恋人支持的 NEET 比例是多少？	
靠自己的积蓄 NEET 的比例是多少？	
NEET 族中独生子女比例是多少？	
NEET 族中非独生子女比例是多少？	44.5%
由于竞争激烈而 NEET 的比例是多少？	超过 1/3
个人愿意 NEET 的比例是多少？	

五、听录音，选词填空：

1. 赵一凡的经济(　　)是父母，谁让中国的父母这么好呢！他们心慈手软，心甘情愿为孩子奉献。

   A. 难免　　　　B. 原来　　　　C. 来源

2. 大学毕业以后,她用了两年的时间( )准备考研。
   A. 倾心   B. 精心   C. 尽心

3. 考试失败后,她觉得自己像是在大海的中心,四周看不见岸,( )不出户,整整一个月。
   A. 足   B. 粗   C. 决

4. 几年来,( )考研的她大部分时间都是在图书馆、自习室度过的,没有社会活动。
   A. 疑心疑义   B. 一心一意   C. 精心努力

5. 投出去的简历当然如同( )沉大海。
   A. 石   B. 始   C. 事

第八课 你心中谁最重要?

词语链

1. 回答问题：
   (1) 这段对话的主要内容是什么？

   (2) 录音中对领导用了几种称呼？

   (3) 昨天下班时,女的碰上了什么事？

   (4) 公司领导认为什么样的员工不好？

2. 回答问题：
   (1) 这段话的主要内容是什么？

   (2) _____
   (3) _____

3. 回答问题：
   (1) 女的去干什么？

   (2) 女的给谁开家长会？

   (3) 女儿和妈妈长得像吗？

4. 回答问题：
   (1) 这段话的主要内容是什么？

   (2) _____

（一）

生　词

1. 撒谎　　　　　sā huǎng
   说假话。(撒:撒娇,撒赖,撒野,撒酒风;谎:谎话,谎言,说谎)

2. 容忍　　(动)　róngrěn
   原谅和忍耐。(容:宽容,包容,情理难容;忍:忍让,忍受,忍痛,忍气吞声,忍无可忍)

3. 瞎话　　(名)　xiāhuà
   谎话,不真实的话。(瞎:瞎吹,瞎闹,瞎说,抓瞎;话:粗话,答话,大话,废话,怪话,空话,梦话,情话,实话,漂亮话)

4. 笤帚　　(名)　tiáozhou
   打扫尘土、垃圾等用的工具。

5. 揍　　　(动)　zòu
   打。

根据录音内容选择正确答案：

1. A. 不上学　　　　　B. 看电影
   C. 不实在　　　　　D. 说瞎话

2. A. 爱骂人　　　　　B. 没原则
   C. 乱说话　　　　　D. 品质差

（二）

生 词

1. 收敛　　　（动）　　shōuliǎn
   对自己的行为有所约束,有所限制。

2. 顶嘴　　　（动）　　dǐng zuǐ
   用强硬的话反驳(长辈或上级)。(顶:顶牛,顶球;嘴:嘴笨,嘴快,嘴损,嘴甜,吵嘴,还嘴,回嘴,贫嘴)

3. 哑口无言　（成）　　yǎ kǒu wú yán
   像哑巴一样,说不出话来。

4. 忒　　　　（副）　　tēi
   太。

5. 站着说话不腰疼,饱汉子不知饿汉子饥
   zhànzhe shuōhuà bù yāo téng, bǎo hànzi bù zhī è hànzi jī
   比喻不处在对方的困境之中,不能体会对方的难处。

6. 零花钱　　（名）　　línghuāqián
   生活费以外,零散地用的钱。

7. 索取　　　（动）　　suǒqǔ
   要。

专　名

英壮　　　　Yīng Zhuàng

练 习

根据录音内容选择正确答案:

1. A. 母亲从不关心女儿　　　　B. 女儿在家从不洗碗
   C. 母女互相不太了解　　　　D. 女儿非常关心母亲

2. A. 不和父母说话　　　　　　　B. 不和父母交流
   C. 看见父母就烦　　　　　　　D. 常和父母说谎

3. A. 女儿不应该讨厌父母　　　　B. 父母的关心方式不对
   C. 父母给女儿的钱太少　　　　D. 女儿对父母要求过分

你心中谁最重要?

生 词

1. 委婉　　　　（形）　　　wěiwǎn
   说话温和而曲折。（委：委屈,委曲求全；婉：婉辞,婉词,婉劝,婉言）

2. 暗示　　　　（动）　　　ànshì
   不是明确地表达意思,而是用含蓄的言语或示意的动作使人明白。（暗：暗暗,暗害,暗号,暗杀,暗笑,暗中；示：表示,揭示,提示,显示,预示,展示,指示）

3. 搭理　　　　（动）　　　dāli
   对言语或行动有回应。（搭：搭伴；理：理睬,置之不理）

4. 唾沫星子　　（名）　　　tuòmoxīngzi
   说话时,从口中喷射出的细小的口水。

5. 捂　　　　　（动）　　　wǔ
   遮盖住或封闭起来,课文指用手掌盖住。

6. 悲愤　　　　（形）　　　bēifèn
   悲痛愤怒。（悲：悲哀,悲惨,悲观,悲苦,悲伤,悲痛,可悲,乐极生悲；愤：愤恨,愤怒,公愤,气愤）

7. 公主　　　　（名）　　　gōngzhǔ
   古代国家最高统治者帝王的女儿。

8. 皇亲国戚　　　　　　　　huáng qīn guó qī
   皇帝的亲戚。

9. 打拼　　　（动）　　dǎpīn
努力去干。

10. 愧疚　　　（形）　　kuìjiù
惭愧不安。(愧:羞愧,惭愧,问心无愧,愧悔；疚:内疚,歉疚)

11. 邮政　　　（名）　　yóuzhèng
专门经营投递信件、发行报刊等业务的部门。

12. 孝心　　　（名）　　xiàoxīn
对长辈孝顺的心情。(孝:孝顺,孝敬)

13. 倔强　　　（形）　　juéjiàng
性情刚强,不屈服。

14. 次序　　　（名）　　cìxù
先后的顺序。(次:班次,版次,航次,车次；序:工序,顺序)

15. 客户　　　（名）　　kèhù
顾客。

16. 老公　　　（名）　　lǎogōng
丈夫。

 练　习

一、听全文,回答问题:

1. 母女为什么吵架?

2. 女儿心中谁最重要?

二、根据第一段内容,回答问题:
"我"去看妈妈时,为什么和妈妈吵起来了?

三、根据第二段内容,回答问题:
妈妈给"我"打电话时,"我"常常怎样?

四、根据第三段内容,回答问题:

1. 那个星期天,妈妈生气的理由是什么?

2. 那个星期天,"我"生气的理由是什么?

五、根据第四段内容,回答问题:

吵架之后,"我"怎样表达对妈妈的愧疚之情?

六、根据第五段内容,回答问题:

课文中的"我",把事业放在第一位,还是把亲情放在第一位?

七、根据第六段内容,回答问题:

"我"生病后明白了什么道理?

八、听录音,选词填空:

1. 三年前,我和母亲吵过一架,那是很(　　)的一架。
   A. 伤感情　　　　B. 伤感　　　　C. 上敢情

2. 其实,我已经委婉地暗示过我的领导,但(　　)显然没搭理我的暗示。
   A. 透　　　　　　B. 都　　　　　　C. 头儿

3. 我捂着电话对我妈小声说明这个电话的重要性,但我妈已经(　　)了,她当然愤怒。
   A. 忍无可忍　　　B. 认无可认　　　C. 很无法忍

4. 那个星期天,我妈(　　)涌上心头,说出的话句句悲愤:"你心里还有这个家吗?还有你妈吗?你妈跟你打电话你永远忙,忙得都没时间听我把话说完!"我泪如雨下,对她说:"现在到处都在说,不爱加班的员工不是好员工,你让我怎么办?你以为我是公主?皇亲国戚?您是皇上他妈?"

A. 新仇旧恨   B. 心头的狠   C. 心中的恨

5. 那时候,如果要排个次序,实事求是地说,我心中最重要的不是亲情,当然会有很多人把亲情放在口头,排在第一位,但在实际生活中,他们和我一样,总是先顾老板,再顾客户,然后是朋友、同事、有(　　)的人……

A. 夹子   B. 架子   C. 价值

第九课　唐太宗李世民

词语链

1. 回答问题：

   (1) 这段话的主要内容是什么？

   (2) _____　_____

   (3) 你还能说出带"业"的词吗？

   (4) 宫廷菜是什么菜？以前百姓能吃到宫廷菜吗？

2. 回答问题：

   (1) 这段话的主要内容是什么？

   (2) 你能说出"起火"的同义词吗？

   (3) _____

3. 回答问题：

   (1) 这段话的主要内容是什么？

   (2) _____
   (3) "车轮"是什么？

   (4) _____

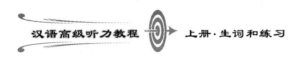

4. 回答问题：

　(1) 刘小风是个什么样的人？

　(2) "在我心目中"这句话同样的意思,还可以怎么说？

　(3) "学习用具"包括什么？

　(4) 刘小风搞的技术革新带来了什么好处？

5. 回答问题：
男的想把旧电脑弄哪儿去？

（一）

生　词

1. **君子**　（名）　jūnzǐ
　善良、高尚的人。

2. **描述**　（动）　miáoshù
　形象地叙述出来。（描：描绘,描写；述：表述,阐述,复述,口述,概述,讲述,论述）

3. **善良**　（形）　shànliáng
　心地纯洁,没有恶意。（善：善举,善事,善心,善意,慈善,伪善,心怀不善；良：良机,良心,良药,良医,良友,良缘,良种,改良,精良,贤良,优良）

4. **完美**　（形）　wánměi
　没有缺点。(完：完整,完满,完全,完人,完善；美：美好,美满,美梦,美名,美味,美意,美中不足,精美,鲜美,甜美)

5. **修养**　　　（名）　　　xiūyǎng
   指理论、知识、技能、思想等达到的水平。

6. **从容不迫**　　　　　　cóngróng bú pò
   非常镇静,不慌不忙的样子。从容:镇静,不慌不忙。迫:急。

7. **风度**　　　（名）　　　fēngdù
   美好的姿态、外表和优雅的举止。

8. **惧**　　　（动）　　　jù
   害怕。

9. **不做亏心事,半夜敲门心不惊**
   bú zuò kuīxīn shì, bànyè qiāo mén xīn bù jīng
   不做对不起别人的事情,即使半夜有人敲门,心里也不害怕,也说"不做亏心事,不怕半夜鬼叫门"。亏心:感觉到做的事违背内心对是非、善恶的认识。

10. **反省**　　　（动）　　　fǎnxǐng
    回想自己做过的事,检查其中的错误。(反:反驳,反悔,反问,反响,反应,反咬一口;省:内省,自省)

11. **至高无上**　　　　　　zhìgāo wú shàng
    至:极,最。至高无上:最高,没有更高的了。

12. **推敲**　　　（动）　　　tuīqiāo
    反复琢磨。

专　名

1. 《论语》　　　　　　　Lúnyǔ
2. 孔子　　　　　　　　Kǒngzǐ

练　习

根据录音内容选择正确答案：

1. A. 孔子之前就有　　　　B. 课文中没有说
   C. 今天的人发明的　　　D. 《论语》发表的时候

2. A. 内心善良 B. 生活充实
   C. 从来不后悔 D. 什么都不怕

（二）

生　词

1. 品　　　　（动）　　pǐn
   分辨(好坏)。(品:品尝,品位,品头论足)

2. 皱眉　　　　　　　zhòu méi
   发愁、不高兴或不满意时,用力把两道眉毛拧到一起。

3. 感慨　　　（动）　　gǎnkǎi
   有感触而叹息。(感:感触,感想,感怀,感情,感染,感伤,感叹,反感,观感,好感,美感,伤感,同感,优越感,责任感,多愁善感;慨:慨叹)

4. 老祖宗　　（名）　　lǎozǔzong
   文中指前辈,前人。

5. 玩意儿　　（名）　　wányìr
   泛指东西,事物。课文中指中华美食文化。

6. 折腾　　　（动）　　zhēteng
   乱弄。

7. 精华　　　（名）　　jīnghuá
   最重要、最好的部分。(精:精彩,精良,精美,精巧,精致,精益求精;华:才华)

8. 菜谱　　　（名）　　càipǔ
   介绍菜的制作方法的书。

9. 厨师　　　（名）　　chúshī
   做菜技术好,并以此为职业的人。

10. 操练　　　（动）　　cāoliàn
    反复练习。(操:操场,体操,早操,做操;练:练习,练功,教练,苦练,磨练,排练,训练)

11. 炉火纯青　（成）　　lú huǒ chún qīng
    比喻功夫、本领达到了极其熟练、完美的程度。

12. 混战　　　（动）　　hùnzhàn
    进行目标不明或对象常变的战争。课文中描述市场极其激烈、残酷的竞争情况。

13. 邪的　　　　　　　　　　xié de
    不正当的,不正常的。

14. 青出于蓝而胜于蓝　（成）　qīng chūyú lán ér shèngyú lán
    比喻学生超过老师或后人胜过前人。

15. 斥责　　　　　　　（动）　chìzé
    严厉地批评。(斥:斥骂,驳斥,怒斥,痛斥,训斥;责:责备,责怪,责骂,谴责,指责)

16. 本分　　　　　　　（形）　běnfèn
    安心于现状,没有过分的要求和想法。

17. 章法　　　　　　　（名）　zhāngfǎ
    指程序、规则等。

专　名

1. 粤　　　　　Yuè
2. 鲁　　　　　Lǔ
3. 川　　　　　Chuān
4. 淮　　　　　Huái
5. 广州　　　　Guǎngzhōu
6. 上海　　　　Shànghǎi
7. 北京　　　　Běijīng
8. 东京　　　　Dōngjīng
9. 纽约　　　　Niǔyuē

根据录音内容选择正确答案：

1. A. 奇怪　　　　　　　　B. 气愤
   C. 感叹　　　　　　　　D. 赞美

2. A. 历史很长　　　　　　B. 全国都有
   C. 十分完美　　　　　　D. 味道多样

3. A. 味道不能够乱变　　　　　　B. 苏东坡做的肘子
   C. 青出于蓝而胜于蓝　　　　　D. 各地有各地的特点

唐太宗李世民

生　词

1. 大人　　　（名）　　dàrén
   旧时称呼地位较高的官。

2. 臣　　　　（名）　　chén
   官对皇帝说话时称呼自己。

3. 参见　　　（动）　　cānjiàn
   按一定的礼节会见地位高于自己的人。(参:参拜;见:见面,拜见,会见,接见,求见,再见)

4. 爱卿　　　（名）　　àiqīng
   古时君对臣的爱称。(爱:爱称,爱戴,爱国,爱慕,爱女,爱神,爱不释手,爱财如命,爱憎分明,宠爱,敬爱,酷爱,母爱,偏爱,热爱,喜爱,友爱)

5. 陛下　　　（名）　　bìxià
   尊称君主。

6. 恕罪　　　（动）　　shùzuì
   请求原谅自己的过错。(恕:宽恕,饶恕;罪:赔罪,认罪,戴罪立功)

7. 征召　　　（动）　　zhēngzhào
   旧时政府召集百姓为官府或军队干活。

8. 民夫　　　（名）　　mínfū
   旧时称为官府或军队干活的人。

9. 出巡　　　（动）　　chūxún
   到各处视察。(出:出门,出使,出口,出行,出游,出院,输出,挺身而出;巡:巡回,巡游)

10. 朕　　　　（代）　　　　zhèn
皇帝自称。

11. 摩擦　　　（动）　　　　mócā
物体和物体接触紧密,并来回移动。(摩:摩拳擦掌;擦:摩拳擦掌)

12. 铁匠　　　（名）　　　　tiějiàng
制造和修理铁器的人。(铁:铁厂,铁矿,铁道,铁皮;匠:木匠,石匠,工匠)

13. 人工　　　（名）　　　　réngōng
工作量的计算单位,一个人做一天工叫一个人工。

14. 平　　　　（动）　　　　píng
课文中指用武力镇压。

15. 奢侈　　　（形）　　　　shēchǐ
以大量的钱财换取过分的享受。(奢:奢华,穷奢极侈;侈:穷奢极侈)

16. 宏丽　　　（形）　　　　hónglì
规模大,而且美丽。(宏:宏大,宏伟,宏观,宏愿;丽:美丽,华丽,明丽,俏丽,清丽,秀丽,绚丽,壮丽,风和日丽)

17. 予以　　　（动）　　　　yǔyǐ
给。

18. 销毁　　　（动）　　　　xiāohuǐ
熔化、烧掉,使消失。(销:销脏,销声匿迹,注销;毁:焚毁,烧毁)

19. 不及　　　（动）　　　　bùjí
不如;比不上。

20. 役使　　　（动）　　　　yìshǐ
强迫使用。

21. 犹如　　　（动）　　　　yóurú
如同;好像。

22. 大病初愈　　　　　　　　dà bìng chū yù
大病刚好。

23. 重蹈覆辙　（成）　　　　chóng dǎo fù zhé
再走翻过车的路,比喻不吸取教训,犯已经犯过的错误。

24. 有甚于　　　　　　　　　yǒushènyú
超过。

25. 官员　　　（名）　　　　guānyuán
有一定级别的政府工作人员。

| 26. 朝见 | （动） | cháojiàn |

大臣到朝廷见皇帝。

| 27. 税捐 | （名） | shuìjuān |

国家向税收对象征收的钱或实物。

| 28. 适中 | （形） | shìzhōng |

正合适。（适：适可而止；中：中立，中庸）

| 29. 露宿 | （动） | lùsù |

在室外或野外过夜。（露：露台，露天，露营；宿：宿舍，住宿，留宿，风餐露宿）

| 30. 周详 | （形） | zhōuxiáng |

周到而详细。（周：周密，周全；详：详细，详尽，详实，详情）

专　名

1. 唐太宗　　　　Táng Tàizōng
2. 李世民　　　　Lǐ Shìmín
3. 魏征　　　　　Wèi Zhēng
4. 洛阳　　　　　Luòyáng
5. 隋炀帝　　　　Suí Yángdì
6. 隋朝　　　　　Suí Cháo
7. 夏桀　　　　　Xià Jié
8. 殷纣　　　　　Yīn Zhòu

一、听全文，选择正确的答案：

本文的主要内容是什么？

A. 魏征劝李世民不要浪费
B. 魏征给李世民讲了个故事
C. 李世民和魏征商量建宫殿的事

二、根据第一段内容，选择正确答案：
1. A. 魏征　　　　　　　　B. 陛下
   C. 魏爱卿　　　　　　　D. 臣魏征

2. A. 了解事情　　　　　　B. 修建宫殿
   C. 去招民工　　　　　　D. 准备出差

三、根据第二段内容，回答问题：
1. 当初洛阳宫是谁修建的？

2. 洛阳宫的木料是从哪里运来的？

3. 多少人运一根柱子？怎么运？

4. 运输柱子的过程中怎么会起火？人们想了什么办法？

5. 加铁皮后又出现了什么问题？他们这次是怎么办的？

6. "运一根木头花数十万人工"和"运一根木头要数十万人"一样吗？

7. 李世民打败隋炀帝，平定洛阳的时候做了什么事？

8. 初平洛阳到现在(魏征说话的时候)有多久了？

9. 魏征说服李世民不该建洛阳宫理由有二，都是什么？

四、根据第三段内容，判断正误：
1. 夏桀、殷纣曾弄得天下大乱。　　　　　　　　　　(　　)
2. 洛阳地处国家中心。　　　　　　　　　　　　　　(　　)
3. 李世民重建洛阳宫是想自己享受。　　　　　　　　(　　)
4. 李世民决定以后去洛阳就露宿。　　　　　　　　　(　　)

5. 李世民从来就认为皇帝露宿没什么了不起的。　　　　（　）
6. 李世民承认自己错了并立即纠正。　　　　　　　　（　）

五、根据全文内容,选择正确答案:

1. A. 这时很多老百姓生病刚好　　B. 这时唐朝的财力比隋朝强
   C. 隋朝修建洛阳宫时翻过车　　D. 这时唐朝国力民力都很弱

2. A. 贪图享受　　　　　　　　　B. 奢侈浪费
   C. 不爱护百姓　　　　　　　　D. 肯接受意见

3. A. 说话厉害　　　　　　　　　B. 忠诚正直
   C. 心眼不坏　　　　　　　　　D. 花钱小气

六、听录音,选词填空:

1. 听说陛下准备征召民夫,重修洛阳宫,以便到东方出巡的时候居住,不知(　)有此事?
   A. 可　　　　　B. 何　　　　　C. 和

2. 臣以为陛下尚(　)订出到洛阳出巡的日子就重修洛阳宫,不是今日迫切的事情。
   A. 没　　　　　B. 回　　　　　C. 未

3. 为了一根木头,前前后后就花了数十万的人工,其他就(　)而知了。
   A. 可想　　　　B. 可先　　　　C. 渴想

4. 如果不(　)修建洛阳宫,也同样要天下大乱。
   A. 通知　　　　B. 停止　　　　C. 同时

第十课 明主与贤臣

词语链

1. 回答问题：
   (1) 这段对话的主要内容是什么？

   (2) 说出"苦恼"的近义词。

   (3) 录音中女的说自己是干什么的？

   (4) _____
   (5) "好多学生"中的"好多"是什么意思？

2. 回答问题：
   按录音把下列词分类，只填数字就可以。
   ① 明君　② 贤臣　③ 昏君　④ 明主　⑤ 忠臣　⑥ 奸臣　⑦ 圣主

好皇帝	好大臣	坏皇帝	坏大臣

3. 回答问题：
   (1) 录音中提到了"包装"这个词的几种用法？

(2)"包装"能算新名词吗?

(3)你认为什么样的词算新名词?试着举个例子。

4. 回答问题:

(一)

生　词

1. 关节炎　　(名)　　guānjiéyán
   一种疾病,关节处发炎。关节:骨头互相连接的地方。(炎:炎症,发炎,肺炎,肝炎,肠炎,脑炎,胃炎,消炎,消炎药)

2. 一瘸一拐　　　　　yì qué yì guǎi
   因为腿或脚有毛病,走路时身体一歪一歪的。

3. 挎　　　(动)　　kuà
   课文中指挂在肩上。

4. 浇灌　　(动)　　jiāoguàn
   让水流到植物的根部。(浇:浇花;灌:灌溉)

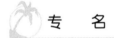 专　名

晁无疾　　　Cháo Wújí

练 习

根据录音内容选择正确答案：

1. A. 农民了解他 　　　　　B. 农民需要他
   C. 上山搞研究 　　　　　D. 上山去治病

2. A. 山上没有药 　　　　　B. 他不能爬山
   C. 他的腿有病 　　　　　D. 山上条件差

3. A. 舍不得多浇水 　　　　B. 舍不得多上肥
   C. 没跟晁教授学 　　　　D. 浇水、上肥太多

（二）

生　词

1. 福气　　　（名）　　fúqi
   指享受幸福生活的命运。

2. 一阵子　　　　　　　yízhènzi
   指一段时间。

3. 受罪　　　　　　　　shòu zuì
   遭受苦难或遇到不愉快的事。

4. 评书　　　（名）　　píngshū
   一种曲艺形式，讲述像《三国演义》之类的长篇书目，但只能说"说评书"。

5. 敢情　　　（副）　　gǎnqing
   原来。

根据录音内容选择正确答案：

1. A. 刚刚认识　　　　　　B. 读中学时
   C. 坐车的时候　　　　　D. 考试的时候

2. A. 历史课好教　　　　　B. 特别有意思
   C. 大家都会喜欢　　　　D. 女老师讲更好

3. A. 很多内容得背　　　　B. 多数学生睡觉
   C. 还得应付考试　　　　D. 有的学生很烦

4. A. 喜欢历史　　　　　　B. 不用考试
   C. 讲得好听　　　　　　D. 天天都讲

明主与贤臣

生　词

1. **题材**　　（名）　　tícái
   构成文学作品或艺术作品的材料。(题：话题，考题，难题，主题；材：教材)

2. **影视剧**　（名）　　yǐngshìjù
   电影，电视剧。

3. **得宠**　　　　　　　dé chǒng
   课文中指受到皇帝的喜爱。(得：得分，得救，得胜，得寸进尺，取得，获得，难得，求之不得；宠：宠爱，宠物)

4. **得势**　　　　　　　dé shì
   得到权力，得到势力(多用于贬义)。(得：得宠；势：权势，狗仗人势)

82

5. 忠　　　　　　（形）　　　zhōng
   忠诚,正直。

6. 奸　　　　　　（形）　　　jiān
   专门耍阴谋,做坏事,残害好人。

7. 困扰　　　　　（动）　　　kùnrǎo
   使为难,不安。

8. 不外乎　　　　　　　　　búwàihū
   不超出某个范围以外。

9. 建功立业　　　　　　　　jiàn gōng lì yè
   做出重大的贡献,做出特殊的成绩。

10. 抱负　　　　　（名）　　　bàofù
    远大的志向。

11. 贪赃枉法　　　　　　　　tān zāng wǎng fǎ
    官吏收受贿赂,做违法的事。

12. 享乐　　　　　（动）　　　xiǎnglè
    享受安乐。(享:享受,享福,享用,享有,分享,有福同享;乐:乐观,乐趣,乐事,乐极生悲,安乐,欢乐,娱乐,俱乐部,其乐无穷)

13. 铭心刻骨　　　（成）　　　míng xīn kè gǔ
    比喻深深地记在心里。

14. 采纳　　　　　（动）　　　cǎinà
    接受意见、建议、要求。(采:采购,采取,采用;纳:接纳,容纳)

15. 事理　　　　　（名）　　　shìlǐ
    事情的道理。

16. 胆识　　　　　（名）　　　dǎnshí
    胆量和见识。(胆:胆大,胆小,胆子,胆量;识:见识,知识,才识,常识,学识,知识分子)

17. 礼法森严　　　　　　　　lǐfǎ sēnyán
    礼仪法度十分严格。

18. 冒死进言　　　　　　　　mào sǐ jìn yán
    不顾生命危险去提意见。

19. 阿谀奉承　　　　　　　　ēyú fèngchéng
    净说别人爱听的话,去巴结,讨好。

20. 拍马　　　　　（动）　　　pāimǎ
    说别人爱听的话,做别人喜欢的事。

21. 梦寐以求　　（成）　　mèngmèi yǐ qiú
　　睡梦中都在追求，形容迫切期望。

22. 小人　　　　（名）　　xiǎorén
　　指道德品质不好的人。

23. 亡国之君　　　　　　　wángguó zhī jūn
　　国家被灭掉时，正做皇帝的人。

24. 清明　　　　（形）　　qīngmíng
　　形容国家的政治有条理，行为有准则。

25. 决策　　　　（名）　　juécè
　　决定的策略或办法。（决：决定，决心，决断，否决，坚决，解决，判决；策：策划，策略，对策，国策，计策，良策，上策，下策，束手无策）

26. 出岔子　　　　　　　　chū chàzi
　　发生差错或事故。

专　名

1. 屈原　　　Qū Yuán
2. 李白　　　Lǐ Bái
3. 杜甫　　　Dù Fǔ

练　习

一、听全文，回答问题：

　　1. 中国历史上一直存在一种什么现象？

　　2. 忠臣和奸臣的区别是什么？

二、根据课文内容，判断正误：

　　1. 皇帝身边的忠臣被重用，国家就会发展、兴旺。　　　　（　　）
　　2. 皇帝身边的奸臣被重用，国家就会充满黑暗。　　　　　（　　）
　　3. 中国古代知识分子就想做官发财。　　　　　　　　　　（　　）

4. 历代忠臣都做过贪污受贿、违法乱纪的事。　　　　（　）
5. 历代的忠臣、奸臣都打架。　　　　　　　　　　　（　）
6. 屈原、李白、杜甫都不是奸臣。　　　　　　　　　（　）
7. 给皇帝提意见有时会有生命危险。　　　　　　　　（　）
8. 李世民、魏征是中国历史上一对有名的君臣。　　　（　）
9. 大臣都很会说话。　　　　　　　　　　　　　　　（　）
10. 夏桀、殷纣是历史上有名的坏皇帝。　　　　　　（　）

三、根据课文内容，选择正确答案：

1. A. 接近皇帝　　　　　　　　B. 建功立业
   C. 改变历史　　　　　　　　D. 享受生活

2. A. 实现理想　　　　　　　　B. 建功立业
   C. 贪图享乐　　　　　　　　D. 精神愉快

3. A. 他们都很接近皇帝　　　　B. 他们每天都要上班
   C. 他们每天都跟着皇帝　　　D. 皇帝在哪他们也在哪

4. A. 信任忠臣　　　　　　　　B. 比较懂事
   C. 喜欢别人拍马　　　　　　D. 爱听别人说话

5. A. 忠臣勇敢，不怕死　　　　B. 很多忠臣都死了
   C. 皇帝让谁死谁就得死　　　D. 好皇帝不让忠臣死

6. A. 说话特别艺术的　　　　　B. 给皇帝拍马屁的
   C. 敢给皇帝提意见的　　　　D. 不遵守封建礼法的

7. A. 他们都有理想　　　　　　B. 皇帝非常听话
   C. 魏征非常能说　　　　　　D. 好君臣相遇了

8. A. 皇帝最后都丢了王位　　　B. 皇帝都和小人合得来
   C. 夏桀、殷纣是有名的小人　D. 皇帝跟着小人走会亡国

9. A. 犯大错误　　　　　　　　B. 多走弯路
   C. 不够民主　　　　　　　　D. 被赶下台

第十一课 从"阴阳"说开去

词语链

1. 回答问题：

    (1) 按录音把下列词分类,只填数字就可以。
    ① 电话　　② 外国人名　　③ 的士　　④ 出租车　　⑤ 克隆

意 译 词	音 译 词

    (2) _____

2. 回答问题：

    (1) 这段对话的主要内容是什么？

    (2) _____
    (3) _____

3. 回答问题：

    (1) "向日为阳,背日为阴"是什么意思？"日"是什么意思？

    (2) 对话中提到的两组反义词分别是什么？

    (3) 对话中说了哪些带"衰"的词？你还能说出其他带"衰"的词吗？

    (4) 对话中说了哪些带"盛"的词？你还能说出其他带"盛"的词吗？

4. 回答问题:
   _____

5. 回答问题:
   _____

6. 回答问题:
   _____

(一)

生 词

| 1. 几经 | (动) | jǐjīng |

经过多次。(经:经过,经历,经手,经验,经年累月,已经,饱经风霜)

| 2. 印次 | (名) | yìncì |

图书每一版印刷的次数。

| 3. 辞书 | (名) | císhū |

字典、词典和百科全书的统称。

| 4. 屈指可数 | (成) | qū zhǐ kě shǔ |

形容数目很少。

| 5. 中西合璧 | (成) | zhōng xī hé bì |

比喻中国的和外国的好东西合到一块。

| 6. 修订 | (动) | xiūdìng |

修改订正(书籍、计划等)。

| 7. 除旧布新 | (成) | chú jiù bù xīn |

废除旧的,建立新的。

专 名

《现代汉语词典》　　Xiàndài Hànyǔ Cídiǎn

根据录音内容选择正确答案：

1. A. 修改次数多　　　　　B. 出过试印本
   C. 流行范围广　　　　　D. 编写时间长

2. A. 词汇数量多　　　　　B. 语言变化快
   C. 书中的新词多　　　　D. 出版的词典多

3. A. 歌星　　　　　　　　B. 软件
   C. 传媒　　　　　　　　D. 托福

4. A. 倒爷　　　　　　　　B. BP 机
   C. 硬件　　　　　　　　D. 托福

5. A. 环保　　　　　　　　B. 巴士
   C. 传媒　　　　　　　　D. 托福

6. A. 热点　　　　　　　　B. MTV
   C. 误区　　　　　　　　D. 托福

（二）

生 词

1. **层出不穷** （成）　　céng chū bù qióng
   同类事物不断出现。

2. **延伸** （动） yánshēn
   延长,伸展。(延:延长,延续,顺延;伸:伸长,伸出,伸手,伸缩,伸腿,伸腰,伸展)

3. **扶贫** （动） fúpín
   扶植、帮助贫困户、贫困地区,给他们经济上或生产技术上的支援帮助,使发展生产,改变贫困状况。(扶:扶持,扶植,扶助,救死扶伤;贫:贫苦,贫困,贫穷,贫民,贫弱,贫病交集,一贫如洗)

4. **不知不觉** bù zhī bù jué
   没有察觉到。

5. **相关** （动） xiāngguān
   互相关联,彼此有联系。(相:相比,相差,相称,相处,相等,相反,相加,相合,相距,相识,相似,相同,相通;关:关怀,关切,关心,关照,关注,无关,有关)

6. **生命力** （名） shēngmìnglì
   生存和发展的能力。

7. **听之任之** （成） tīng zhī rèn zhī
   听凭它发展而不去过问。听、任:任凭,随;之:代词,代人或事物。

8. **多元化** （名） duōyuánhuà
   由单一向多样发展,由统一向分散变化。

9. **顺眼** （形） shùnyǎn
   看着舒服。(顺:顺心,顺口,顺耳,顺嘴,风调雨顺,一帆风顺;眼:眼红,眼神,另眼相看,贼眉鼠眼)

10. **一棍子打死** yí gùnzi dǎsǐ
    比喻对人或事物不加分析,全部否定。

11. **根基** （名） gēnjī
    基础。(根:山根,舌根,牙根;基:基础,基点,基本功)

根据录音内容选择正确答案:

1. A. 的士　　　　　　　　B. 打的
   C. 出租车

2. A. 的士　　　　　　　　B. 目的
   C. 的确如此　　　　　　D. 出租车

3. A. 希望工程 　　　　　　　　B. 土木工程
   C. 扶贫工程 　　　　　　　　D. 菜篮子工程

4. A. 不顺眼的应禁止 　　　　　B. 社会变化太快了
   C. 应该一棍子打死 　　　　　D. 可存在，但应引导

5. A. 很多词没有文化 　　　　　B. 有的词没有意义
   C. 应保持汉语的纯洁性 　　　D. 很多词中国人不懂

从"阴阳"说开去

生　词

1. 人事　　　（名）　　rénshì
   人的境遇、存亡、分离、聚会等情况。

2. 日光　　　（名）　　rìguāng
   太阳光。（日：日出，日落，烈日，向日葵，风和日丽，暗无天日；光：光线，发光，五光十色）

3. 引申　　　（动）　　yǐnshēn
   字、词由原义产生出新义。

4. 消长　　　（动）　　xiāozhǎng
   减少和增长。

5. 奇偶　　　　　　　　jī ǒu
   奇指单的、不成双的，偶指成双成对的。

6. 阴间　　　（名）　　yīnjiān
   指人死后归属的地方。

7. 不言自明　　　　　　bù yán zì míng
   不用说就明白了。

8. 赋有　　　（动）　　　fùyǒu

具有(某种性格、气质等)。

9. 刚强　　　（形）　　　gāngqiáng

性格、意志坚强,在困难或恶势力面前不屈服。

10. 唯物主义　（名）　　wéiwù zhǔyì

哲学中两大派别之一,认为世界按其本质来说是物质的,是在人的意识之外,不依赖于人的意识客观存在的。(materialism；唯物主义；유물주의.)

11. 儒学　　　（名）　　　rúxué

先秦时以孔子为代表的学派。(confucianists；儒学,儒教。；유학.)

12. 尊贵　　　（形）　　　zūnguì

高贵而可敬的。与"卑贱"是反义词。(尊:尊卑,尊称,尊敬,尊严,尊重,自尊,自尊心；贵:贵重,宝贵,高贵,可贵,名贵,珍贵)

13. 卑贱　　　（形）　　　bēijiàn

地位低下。与"尊贵"是反义词。(卑:卑下,自卑；贱:低贱,贫贱)

14. 君权　　　（名）　　　jūnquán

君主的权力。

15. 夫权　　　（名）　　　fūquán

丈夫的权力。

16. 低下　　　（形）　　　dīxià

达不到一定的标准;在一般标准以下。

17. 天经地义　（成）　　tiān jīng dì yì

天地间不变的道理,指不可改变的真理。也可比喻理所当然,不必怀疑。经:原则；义:正理。

专　名

1. 汉代　　　　　　Hàn Dài
2. 董仲舒　　　　　Dǒng Zhòngshū

练 习

一、听全文,选择正确答案:
本文的主要内容是什么?
A."阴"、"阳"是表示相反意义的词
B."阴"、"阳"这组词适用的范围越来越广

二、根据第一、二段内容,判断正误:
1. 最开始朝着太阳称作"阴",背着太阳称作"阳"。( )
2. 暖和、明亮称作"阳",相反则为"阴"。( )
3. 阴阳表示相反的现象。( )
4. 后来,哲学家用阴阳表示相互对立的两个方面。( )
5. 中国古代思想家认为,凡是对立的事物就绝不会是统一的。( )

三、先听第三段,想一想,然后填表:
1. 自然界中,"日月"、"昼夜"谁为阴,谁为阳?

自然界	阴	地	寒	秋冬	( )	( )
	阳	天	暑	春夏	( )	( )

2. 人与人的关系中,"夫妻"二人,谁为阴,谁为阳?

人与人的关系	阴	臣	女	( )
	阳	君	男	( )

四、先听第三段,想一想,然后回答问题:
1. "现在女的当老板的越来越多了,有的专业大学生中三分之二是女生,是不是真有点儿阴盛阳衰了?"句中的"阴盛阳衰"是什么意思?

2. 你认为什么样的男的算是有阳刚之气的男子?

五、根据第四段内容,判断正误:

1. 董仲舒属于汉代儒家学派。　　　　　　　　　　　　（　）
2. 董仲舒第一个用"阴阳"解释自然,解释天地万物,解释自然界的规律。　　　　　　　　　　　　　　　　　　　　　（　）
3. 董仲舒之前没有"阳尊阴卑"的说法。　　　　　　　　（　）
4. 董仲舒发展了"阴贵阳贱"的说法。　　　　　　　　　（　）
5. 按董仲舒的思想,臣可以统治君主。　　　　　　　　　（　）
6. 按"阳贵阴贱"的说法,妻子得听丈夫的。　　　　　　（　）

六、听句子,用你学过的知识回答下列问题:

1. 丝绸衣服不要晒,要阴干。
   问题:丝绸衣服洗后可以晾在哪里?

2. 找个阴凉地儿歇一歇。
   问题:举例说明,可以在什么地方休息。

3. 这个人就喜欢搞阴谋诡计。
   问题:你会喜欢这个人吗?为什么?

4. 我就不喜欢阳奉阴违的人。
   问题:你认为"阳奉阴违"的人可能会做什么样的事?

第十二课 "地球博士"

词语链

1. 回答问题：

    (1) 听完这段话你想到了什么？

    (2) "这是去年新栽的苹果树,棵棵都长得不错"中的"棵棵"是什么意思？

    (3) "他说话从来不带脏字"句中的他有什么特点？

2. 回答问题：

    (1) 这段话的主要内容是什么？

    (2) _____

    (3) 录音中提到的聚会方式有哪些？

    (4) 录音中提到的一次性餐具有哪些？

    (5) 对于选用一次性餐具,本文的观点是什么？

    (6) 对于选用一次性餐具,你的观点是什么？

3. 回答问题：

    (1) 这段话的主要内容是什么？

(2) 海河污染的原因是什么?

(3) 对于污染的海河人们采取办法了吗?

4. 回答问题:

(1) 这段话提出了一个什么问题?

(2) 几年前有人提出了什么建议?

(3) 目前是什么状况?

（一）

生　词

1. 同行　　（动）　　tóngxíng
   一起行路。(同:同伴,同班,同事,同心,共同;行:行车,行进,步行,进行)

2. 官司　　（名）　　guānsi
   有矛盾的双方到法院解决问题。

3. 交界处　（名）　　jiāojièchù
   边界相连的地方。交界:两地边界相连。

4. 同室操戈　（成）　tóng shì cāo gē
   比喻内部打起来。操:拿,抓在手里。戈:古代的一种兵器。

5. 纠纷　　（名）　　jiūfēn
   各自坚持自己的意见,互不相让的事情。

6. 追踪　　（动）　　zhuīzōng
   按线索追查、寻找。(追:追赶,追随,追兵;踪:踪迹,踪影,跟踪,行踪)

专　名

1. 德州　　　　Dézhōu
2. 聊城　　　　Liáochéng
3. 河北　　　　Héběi
4. 河南　　　　Hénán
5. 山西　　　　Shānxī
6. 海河　　　　Hǎi Hé

 练　习

根据录音内容选择正确答案：

1. A. 闹意见　　　　　　B. 打官司
   C. 追踪调查　　　　　D. 同室操戈

2. A. 河南的五个市　　　B. 本省内的城市
   C. 河北的两个县　　　D. 省与省交界处

3. A. 追踪污染源头　　　B. 审理污染案件
   C. 调查污染程度　　　D. 解决污染纠纷

（二）

生　词

| 1. 防污坝 | （名） | fángwūbà |

为防止污染而建的建筑物。坝：起阻拦作用的建筑物。

| 2. 追寻 | （动） | zhuīxún |

追查，寻找。(追：追查；寻：寻找，寻求，搜寻)

| 3. 告倒 | （动） | gàodǎo |

用打官司的手段战胜对方。告：到法院起诉。

4. **法不责众**　　　　fǎ bù zé zhòng
   古代人认为如果很多人都不遵守国家的律令,惩罚起来就有困难。责:处罚。

5. **法规**　　（名）　　fǎguī
   法律、条例、规则等。

6. **协调**　　（动）　　xiétiáo
   使几方面很好地配合。(调:调和)

7. **权威**　　（动）　　quánwēi
   在某个范围里被公认最有地位、最有影响的人或事物。(权:权势,霸权,财权,产权,军权,实权;威:威风,威力)

8. **行之有效**　　　　xíng zhī yǒuxiào
   使用某一办法后很有成效。

专　名

1. 淮河　　　　　　Huái Hé
2. 窦庄子村　　　　Dòuzhuāngzi Cūn
3. 沧州　　　　　　Cāngzhōu

练　习

根据录音内容选择正确答案：

1. A. 海河管理机构　　　　　B. 山东省的德州
   C. 海河流域各省市　　　　D. 天津市窦庄子村

2. A. 大家都有责任　　　　　B. 打官司时间长
   C. 官司无法解决　　　　　D. 下游不告上游

3. A. 要求国家立法　　　　　B. 大家团结治污
   C. 找权威管理机构　　　　D. 继续打污染官司

"地球博士"

生词

1. 列举 （动） lièjǔ
   一个一个地举出来。(列:列出,系列,名列前茅;举:举例,举一反三)

2. 噪音 （名） zàoyīn
   杂乱、刺耳的声音。(噪:噪声;音:音乐,播音,发音,口音,配音,注音)

3. 赴 （动） fù
   到……去。

4. 攻读 （动） gōngdú
   努力读书或钻研某一门学问。

5. 纸篓 （名） zhǐlǒu
   装废纸的器具。

6. 大惊失色 dà jīng shī sè
   因吃惊而脸色苍白。形容非常吃惊。

7. 质问 （动） zhìwèn
   责问。(质:质询,质疑;问:责问,追问)

8. 重金属 （名） zhòngjīnshǔ
   铜、铅、锌、钨等比重大于5的金属。

9. 一度 （副） yídù
   表示过去发生过。

10. 塑料膜 （名） sùliàomó
    像纸一样薄的塑料。

11. 回收 （动） huíshōu
    (废品或旧东西)收回再利用。

12. 探亲 tàn qīn
    看望远处的父母、配偶。(探:探病,探访,探望,探问;亲:亲生,父亲,母亲,双亲)

| 13. 瓦蓝 | （形） | wǎlán |

浅蓝色。

| 14. 散装 | （动） | sǎnzhuāng |

零着卖;不加包装。(散:零散;装:装船,装车,装货,装卸,安装,改装)

| 15. 草纸 | （名） | cǎozhǐ |

用草等原料做成的很粗的纸。

| 16. 糖尿病 | （名） | tángniàobìng |

一种慢性病。(diabetes；糖尿病；당뇨병.)

| 17. 夜光恐龙玩具 | | yèguāng kǒnglóng wánjù |

在黑暗中能发光的恐龙形状的玩具。

| 18. 诱发 | （动） | yòufā |

导致发生(某种疾病)。(诱:诱导;发:发生,发病,发出,发电,发热,发抖,发疯,发慌,发狂,发烧,发水,发炎,发音,发作,爆发,引发,自发)

| 19. 白血病 | （名） | báixuèbìng |

俗称血癌。(leukaemia；白血病；백혈병.)

| 20. 无知 | （形） | wúzhī |

缺乏知识;不明事理。(无:无声,无数;知:求知)

| 21. 辞 | （动） | cí |

课文中指主动中断了正在做着的工作。

| 22. 稿费 | （名） | gǎofèi |

发表著作、图画、照片等得到的报酬。

| 23. 相继 | （副） | xiāngjì |

一个跟着一个。(相:相传,相告,相劝,相信;继:继承,继承人,后继无人)

| 24. 专栏 | （名） | zhuānlán |

报刊上专门登载某一类文章的栏目。(专:专长,专场,专门,专人,专用,专心,专座；栏:广告栏)

| 25. 幼小 | （形） | yòuxiǎo |

没有成年,没有长大。(幼:幼年,幼儿园)

| 26. 心灵 | （名） | xīnlíng |

内心。

| 27. 明智 | （形） | míngzhì |

有远见的。(明:高明,精明,聪明,英明,先见之明,自知之明;智:智慧,才智,机智,理智,急中生智)

专　名

1. 李皓　　　　　　　　Lǐ Hào
2. 德国　　　　　　　　Déguó
3.《中国消费者报》　　　Zhōngguó Xiāofèizhě Bào
4.《中国青年》　　　　　Zhōngguó Qīngnián
5.《中国妇女》　　　　　Zhōngguó Fùnǚ
6.《中国少年报》　　　　Zhōngguó Shàonián Bào

练　习

一、听全文，回答问题：

1. 说一说李皓的变化过程。

2. 李皓现在做什么？

二、根据第一、二段内容，选择正确答案：

1. A. 光污染　　　　　　　B. 水污染
   C. 噪音污染　　　　　　D. 白色污染

2. A. 去德国以前　　　　　B. 到德国以后
   C. 扔电池的时候　　　　D. 学环保专业时

3. A. 布口袋包装　　　　　B. 塑料膜包装
   C. 塑料瓶包装　　　　　D. 非塑料包装

三、根据第一、二段内容，判断正误：

1. 作为普通人，中国人和德国人的环保意识有一定差距。　（　　）
2. 德国对百姓普遍进行环保教育。　　　　　　　　　　　（　　）
3. 德国法律规定，不许把废电池扔进纸篓。　　　　　　　（　　）

4. 德国人看到废电池就特别害怕。　　　　　　　　　　（　）
5. 德国人买东西时不买塑料制品。　　　　　　　　　　（　）
6. 因为德国人拒绝使用塑料包装,所以德国都用布袋包装。（　）
7. 德国人环保意识挺强的。　　　　　　　　　　　　　（　）

四、根据第三段内容,选择正确答案：

1. A. 包装简单但干净　　　　　　B. 草纸包装不干净
   C. 东西都没有包装　　　　　　D. 那时的天空太蓝

2. A. 可能诱发糖尿病　　　　　　B. 可能诱发白血病
   C. 夜里玩儿不安全　　　　　　D. 知识含量不够高

3. A. 它对身体危害不大　　　　　B. 有病的孩子都喜欢
   C. 这种玩具非常漂亮　　　　　D. 人们缺乏环保知识

4. A. 自己对社会的责任　　　　　B. 没有环保专门人才
   C. 只是从一举一动做起　　　　D. 环保宣传有点儿晚了

五、根据第四段内容,选择正确答案：

1. A. 环境保护　　　　　　　　　B. 新闻记者
   C. 专业作家　　　　　　　　　D. 文中没说

2. A. 没有任何收入　　　　　　　B. 住在地球村里
   C. 努力宣传环保　　　　　　　D. 努力攻读学位

3. A. 为丢了专业而惋惜　　　　　B. 为没有收入而担心
   C. 对大家有好处就做　　　　　D. 自己已经很成功了

4. A. 向聪明孩子宣传环保　　　　B. 李皓这样的人多一些
   C. 多给孩子们订些报纸　　　　D. 让孩子从小懂得环保

5. A. 李皓就是地球博士　　　　　B. 孩子们这样叫李皓
   C. 李皓的学位是博士　　　　　D. 李皓是保护地球的

第十三课　人口与粮食

词语链

1. 回答问题：

    (1) 这段话的主要内容是什么？有解决问题的办法吗？

    (2) 录音中有三个句子：
    ① 专家们预测说，2100年全球平均气温最可能升高的幅度是1.8℃~4℃，海平面将上升18~59厘米。
    ② 青藏高原的冰川消失得越来越快，预计到2050年，冰川面积将比现在减少28%，到2090年，将减少到现有面积的50%。
    ③ 全球立即采取联合行动，不要让专家们的预言变为现实，才是我们人类唯一的出路。
    句子中的"预测"、"预计"、"预言"是生活中已经存在的事情吗？

    (3) 说出"升温"、"升高"、"上升"的反义词。

2. 回答问题：
    录音中都提到了什么爆炸？

3. 回答问题：

    (1) 他们在谈论什么问题？男女的观点各是什么？

    (2) 男的认为用空调会出现什么后果？

(3) 男的认为可以不用空调的理由是什么？

(4) 录音中除了"抗各种疾病"，还说了"抗"什么？你还能说出带"抗"的词语吗？

4. 回答问题：

(1) 这段对话的主要内容是什么？

(2) 女的认为整容的应该是什么人？

(3) 你听说过"美容"这个词吗？你认为"整容"、"美容"有区别吗？

5. 回答问题：

这段话的主要内容是什么？

（一）

生　词

1. 趋势　　　（名）　　qūshì
   发展的倾向。

2. 洪涝灾害　　　　　hónglào zāihài
   雨水过多引起的灾害。

3. 持续　　　（动）　　chíxù
   延续；继续。（持：坚持、持久、维持、支持、各持己见；续：继续、连续、陆续、延续）

4. 挑战 （动） tiǎozhàn
课文中指持续高温是对电力供应的考验。

5. 冻土 （名） dòngtǔ
所含水分冻结成冰的土壤。

6. 融化 （动） rónghuà
冰、雪等变成水。

专　名

1. 黄河　　　　　　　　Huáng Hé
2. 青藏铁路　　　　　　Qīng Zàng tiělù

练　习

根据录音内容选择正确答案：

1. A. 北方的冬天仍然会很冷　　　B. 农业生产将会影响气候
   C. 未来50年温度上升比过去快　D. 2050年，气温将达到3.3℃

2. A. 降水天气将减少　　　　　　B. 缺水状况将缓解
   C. 气温上升将减少降水　　　　D. 降水量将持续增加

3. A. 自己产的粮食将不够吃　　　B. 粮食品种不适应气候
   C. 中国不再适合种小麦　　　　D. 食品安全会受到影响

4. A. 人们去西藏不坐火车　　　　B. 坐火车去西藏不安全
   C. 空调的制冷能力提高　　　　D. 用电太多而导致缺电

（二）

生　词

1. 才华　　（名）　　cáihuá
   表现出来的才能。(才:才气,才思,才学,天才,德才兼备;华:风华)

2. 褶　　　（名）　　zhě
   衣服、纸张等折叠后留下的痕迹。

3. 境界　　（名）　　jìngjiè
   事物所达到的程度或表现的情况。

4. 情趣　　（名）　　qíngqù
   情调趣味。(情:情调,情怀,情绪,情投意合,才情,激情,尽情;趣:趣味,风趣,乐趣,兴趣,有趣,知趣)

5. 气息　　（名）　　qìxī
   人的面部表情、精神、气质中透露出的,代表人精神世界的东西。

6. 神韵　　（名）　　shényùn
   精神、情致。

7. 倾国倾城　（成）　　qīng guó qīng chéng
   形容女子极其美丽。

8. 貌　　　（名）　　mào
   容貌;长的样子。

9. 风韵　　（名）　　fēngyùn
   神韵。

10. 天生丽质　　　tiānshēng lìzhì
    天然生成的美好容貌。

练　习

根据录音内容选择正确答案：

1. A. 女孩如何更美丽　　　B. 肉多的包子好吃
   C. 女孩美丑没关系　　　D. 什么人需要美容

2. A. 不美容的女孩 B. 有修养的女孩
   C. 外表一般的女孩 D. 天生丽质的女孩

3. A. 无所谓 B. 不赞成
   C. 很肯定 D. 不知道

4. A. 女孩应该学习包子 B. 本质远比外表重要
   C. 包子比喻女孩合适 D. 如果没肉不叫包子

人口与粮食

生 词

1. **减缓** (动) jiǎnhuǎn
   程度减轻,速度变慢。(减:减法,减价,减免,减轻,减去,减少,减缩,减员,减刑;缓:缓期,缓兵之计,延缓,暂缓,刻不容缓)

2. **推算** (动) tuīsuàn
   根据已有的数据计算出有关的数值。(推:推测,推定,推断,推理,推论,推想,推己及人;算:预算,算命)

3. **逐年** (副) zhúnián
   一年一年地。(逐:逐步,逐个,逐渐,逐句,逐字,逐日,逐月,逐条,逐一;年:年初,年底,年终,半年,常年,成年,来年,整年,终年)

4. **前景** (名) qiánjǐng
   将出现的景象。(前:前程,前途;景:景况,景象,老景,年景,情景,远景,触景生情)

5. **不容** (动) bùróng
   不允许;不让。(不:饥不择食,不闻不问,名不虚传;容:容许,纵容,不容分说,不容置疑,刻不容缓,义不容辞)

6. **逆转** （动） nìzhuǎn

向相反的方向转变。(逆:逆风,逆境,逆水,逆行,逆光,逆差,倒行逆施;转:转变,转弯,转脸,转身,转账,转折,好转)

7. **递增** （动） dìzēng

一次比一次增加。(递:递加,递减;增:增加,增产,增多,增大,增高,增添,增长,猛增)

8. **挖掘** （动） wājué

挖。(挖:挖空心思;掘:掘土机,发掘,开掘,自掘坟墓,临渴掘井)

9. **衣食父母** yīshí fùmǔ

指赖以为生的人或事物。

10. **养育** （动） yǎngyù

抚养和教育。(养:养活,养家,抚养;育:育苗,育种,哺育,抚育,培育)

11. **滞后** （动） zhìhòu

(事物)落在形式发展的后面。(滞:滞留,滞销,迟滞,停滞,停滞不前;后:落后,先后,最后,后继无人,后继有人,不甘落后,争先恐后)

12. **素** （副） sù

从来;向来。

13. **酿造** （动） niàngzào

用发酵的方法做出酒、醋、酱油等。(酿:酿酒,酝酿;造:制造,仿造,人造,粗制滥造)

14. **触目惊心** （成） chù mù jīng xīn

形容看到某一严重的情况后引起心中的震动。

15. **禁不住** （动） jīnbuzhù

控制不住;不由得。

16. **备感** bèi gǎn

确实感到。备:尽。(备:备至,备受;感:感到,感觉,感受,感官,感知,敏感,痛感,预感,语感)

17. **庞大** （形） pángdà

很大,特别大。(庞:庞然大物;大:巨大,大同小异,胆大心细,弥天大谎,窃国大盗,因小失大,自高自大)

18. **不厌其烦** búyàn qí fán

不怕麻烦;不嫌麻烦。

专 名

1. 联合国   Liánhéguó
2. 哈尔滨   Hā'ěrbīn

一、听全文,回答问题:

1. 世界人口增长的实际情况怎么样?和预期的有什么不同吗?

2. 中国粮食问题的前景如何?中国是否在为粮食问题做出努力?

3. 中国在粮食并不富裕的同时,出现了什么令人难以理解的现象?

二、先听第三段,回答问题:

1. 从长远看,中国哪三个问题是不可逆转的?

2. 2000年,中国的粮食要达到多少才能保证社会需求?

3. 2000年,中国的肉类要达到多少才能保证社会需求?

三、根据第一、二、三段内容,判断正误:

1. 世界人口增长速度正在加快。   （   ）
2. 人们一直为人口增长过快而担心。   （   ）
3. 人们一直为粮食不足问题而担心。   （   ）
4. 实际上,人口问题、粮食问题并不存在。   （   ）
5. 中国的人口问题、粮食问题一直是个问题。   （   ）
6. 全中国一天要吃掉一亿多斤粮食。   （   ）
7. 中国的粮食一直在减产。   （   ）

8. 中国的耕地在慢慢增加。( )
9. 中国的人口肯定还会增长。( )
10. 中国人的消费水平不可能不提高。( )
11. 中国的土地养这么多人十分不容易。( )

四、根据第四段内容,判断正误:

1. 1952年中国粮食产量是3000亿斤。( )
2. 1984年中国粮食产量是8000亿斤。( )
3. 1993年中国粮食产量是9000亿斤。( )
4. 1984年到1993年中国粮食产量增长速度比以前慢。( )
5. 粮食增长速度减缓和长时间的潜力挖掘有关。( )
6. 中国今后粮食增产需要投入更多的资金。( )
7. 中国要提高粮食产量必须提高农业科技水平。( )
8. 中国粮食生产条件、水平都相对落后。( )
9. 中国已经加大了对农业的投入。( )
10. 政府规定耕地只能种粮食,不能干别的。( )

五、根据第五段内容,选择正确答案:

1. A. 担心 B. 烦心
   C. 不踏实 D. 费心思

2. A. 操心 B. 怀疑
   C. 心中不安 D. 伤透脑筋

3. A. 又有灾年了 B. 餐厅更多了
   C. 粮食富裕了 D. 缺粮又浪费

4. A. 浪费现象很严重 B. 中国不缺粮食了
   C. 餐馆经营有问题 D. 中国餐馆太多了

5. A. 西湖水造酒好喝 B. 西湖产的酒好喝
   C. 酒用了太多的粮食 D. 中国人很喜欢喝酒

六、根据第六段内容,回答问题:

1. 中国原计划哪一年人口达到12亿?

2. 中国人一般为什么消息喜悦和兴奋?

3. 对1994年底的人口消息中国人心情怎样?

4. 粮食问题、人口问题在中国是什么样的问题?

七、听录音,选词填空:

1. 有专家预言,人们一直担心的人口爆炸和粮食不足的(　　),并不像有些人所认为的那样严重。
   A. 危及　　　　　B. 危急　　　　　C. 危机

2. 粮食增产在经过了长时间的潜力挖掘之后,每前进一步都要比以往更为艰难,需要更多的(　　)投入和科技含量。
   A. 资金　　　　　B. 至今　　　　　C. 咨询

3. 有消息说,(　　)哈尔滨目前有各种餐厅、酒店、旅馆、单位食堂一万家,每天倒掉的剩饭菜居然有50万公斤之多。
   A. 净　　　　　　B. 尽　　　　　　C. 仅

4. 国家、政府为这13亿人的一日三(　　)操碎了心。
   A. 餐　　　　　　B. 参　　　　　　C. 天

第十四课 拉 链

词语链

1. 回答问题：

   (1) 短文中的"她"是干什么的？"她"有什么特点？

   (2) "她"做教师多少年了？文中是怎么说的？你还知道类似的表达"年"的方法吗？

   (3) "她"每天工作到什么时候？文中是怎么说的？

   (4) "不管是炎热的夏天还是阴冷的冬季"，句中用哪两个词形容夏天和冬天？

   (5) _____
   (6) _____

2. 回答问题：

   (1) 这段话的主要内容是什么？

   (2) 互联网上都有什么自由？

   (3) "研讨会"中的"研讨"是什么意思？

   (4) "婚恋"是什么意思？

   (5) _____

(6) _____

(7) 你从网上下载过东西吗？下载过什么？

(8) 你认为"畅谈"和"交谈"有什么区别？

3. 回答问题：

(1) 这段对话的主要内容是什么？

(2) 对话中用了哪些和服装有关的词？

(3) _____
(4) _____

4. 回答问题：

(1) 对男女的特点，他们最后讨论出结果了吗？

(2) _____
(3) _____
(4) 说出"悲伤"的近义词和反义词。

5. 回答问题：
_____

6. 回答问题：
_____

（一）

生　词

1. 出色　　　（形）　　chūsè
  超出一般；非常好。

2. 园丁　　　（名）　　yuándīng
  从事种花、种树等工作的人，也比喻教师的工作。

3. 劳作　　　（动）　　láozuò
  劳动。

4. 动听　　　（形）　　dòngtīng
  听起来使人感动或感觉有兴趣。(动:动怒,动情,动人,动心,打动,激动;听:听见,听讲,听觉,听力,听诊,好听,难听,旁听,打听,探听)

5. 音容笑貌　　　　　　yīnróng xiàomào
  声音和笑的样子。常用来形容对某个人记忆极深。

6. 正派　　　（形）　　zhèngpài
  做人守规矩，严肃，不做不光明的事。(正:正常,正规,正确,正式,正义,名正言顺;派:气派)

7. 厚道　　　（形）　　hòudào
  待人诚恳、宽容，不计较小事。(厚:憨厚,宽厚,忠厚;道:道义,人道,惨无人道)

8. 钻牛角尖　　　　　　zuān niújiǎojiān
  过于认真，坚持原则。

9. 吃闭门羹　　　　　　chī bìméngēng
  主人不让进屋或主人不在家，门锁着，进不去，对于来客都叫吃闭门羹。

10. 较真儿　　　（形）　　jiàozhēnr
  认真。

11. 野马　　　（名）　　yěmǎ
  自然生长的，没经过人驯养的马。野:自然生长的动植物。(野:野菜,野花,野鸭;马:单枪匹马,一马当先,人困马乏,害群之马)

练 习

根据录音内容选择正确答案：

1. A. 唱歌的   B. 种花的
   C. 养牛的   D. 教书的

2. A. 每天下班都非常晚   B. 自己带着一个孩子
   C. 对待工作非常认真   D. 对自己的孩子特好

3. A. 做事认真   B. 非常苦恼
   C. 喜欢玩儿牌   D. 常碰钉子

4. A. 坚持做到底   B. 鼓励孩子做
   C. 说服别人也做   D. 和别人一起做

5. A. 出门了   B. 去世了
   C. 辞职了   D. 不知道

（二）

生 词

1. 争鸣	（动）	zhēngmíng
虫、鸟等争着鸣叫，比喻(学术界)开展争辩。		
2. 标新立异	（成）	biāo xīn lì yì
提出新主张，表示与一般的不同。		
3. 特立独行	（成）	tè lì dú xíng
形容人的志向高远，和一般人不一样。特：独特。		
4. 博客	（名）	bókè
网络日记，blog。		
5. 蕴涵	（动）	yùnhán
包含。		

6. 资讯	（名）	zīxùn	

资料与信息。

7. 才智	（名）	cáizhì

才能与智慧。

8. 困惑	（形）	kùnhuò

怀疑,迷惑。

9. 豁然开朗		huòrán kāilǎng

比喻突然明白了整个道理。

10. 诲人不倦	（成）	huì rén bú juàn

耐心教人,不知疲倦。诲:教导。

11. 汲取	（动）	jíqǔ

吸取。

12. 虚拟	（形）	xūnǐ

凭想象编造的。

13. 虚无	（形）	xūwú

课文中指网络世界自由平等的精神并不是空的,不存在的。

14. 呵护	（动）	hēhù

保护,爱护。

15. 自律	（动）	zìlǜ

自己约束自己。

16. 毋庸讳言		wúyōng huìyán

不用不敢说或不愿说。毋庸:不必,用不着。

17. 屡见不鲜	（成）	lǚ jiàn bù xiān

多次见到,已不新奇。屡:多次;鲜:新奇。

18. 谩骂	（动）	mànmà

傲慢,没有礼貌的骂。

19. 欺诈	（动）	qīzhà

用狡诈的手段骗人。

20. 强制	（动）	qiángzhì

用政治、法律、经济等手段强迫。

21. 炒作	（动）	chǎozuò

极力鼓吹宣传。

22. 低俗	（形）	dīsú

低级庸俗。

23. 底线 (名) dǐxiàn
最低条件。

根据录音内容选择正确答案：

A. 各种各样的"专家"　　　　B. 各种讨论、辩论
C. 网络道德与网民自律　　　D. 网络自由与平等

拉　链

生　词

1. 拉链 (名) lāliàn
又称拉锁。(zipper；チャック。ジッパー。；지퍼.)

2. 构想 (名) gòuxiǎng
形成的想法。(构：构成,构思,构造,结构,虚构；想：异想天开,解放思想)

3. 封闭 (动) fēngbì
不开放,严密关闭着。(封：封山,封条,密封,原封不动；闭：闭门羹,关闭,禁闭,夜不闭户)

4. 博览会 (名) bólǎnhuì
大型展览会。

5. 亮相 liàng xiàng
公开露面。

6. 斗胆 (副) dǒudǎn
大着胆子。

7. 自行 (副) zìxíng
自动；自己主动。(自：自行车,自尊心,自高自大,自我批评,自以为是；行：行贿,行使,行凶,行医,行之有效,强行,执行)

8. 开裂　　　　（动）　　　　kāiliè
出现破口；出现裂缝。(开：开门，开通，开幕，开门见山；裂：裂开，裂缝，分裂)

9. 震惊　　　　（动）　　　　zhènjīng
使大吃一惊。(震：震动，震怒；惊：惊慌，惊叫，惊奇，惊恐，惊人，惊叹，惊喜，惊讶，惊异，吃惊，大惊失色，大惊小怪)

10. 空难　　　　（名）　　　　kōngnàn
飞机等飞行器在空中飞行时发生的灾难。(空：航空；难：难民，灾难，难兄难弟，国难，海难，苦难，磨难，受难，逃难，危难，遇难)

11. 机毁人亡　　　　　　　jī huǐ rén wáng
飞机毁坏，人员死亡。

12. 恶性　　　　（名）　　　　èxìng
产生严重后果。(恶：恶果，恶化，恶习，恶意，恶作剧，丑恶，穷山恶水；性：性能，性质，词性，共性，慢性，习性，天性，对抗性)

13. 借机　　　　　　　　　jiè jī
利用机会。

专　名

1. 惠特科姆·贾德森　　　Huìtèkēmǔ Jiǎdésēn
2. 芝加哥　　　　　　　　Zhījiāgē
3. 瑞典　　　　　　　　　Ruìdiǎn
4. 森德巴克　　　　　　　Sēndébākè
5. 欧洲　　　　　　　　　Ōuzhōu
6. 奥地利　　　　　　　　Àodìlì

一、听全文，回答问题：

1. 拉链发明以前，人们用什么方式来实现衣物的连接？

2. 最开始森德巴克把拉链缝在哪儿了？

3. 一件什么事,使人们有机会重新认识拉链?

二、根据第一、二、三段内容,判断正误:
   1. 美国工程师在1893年发现了拉链。   (   )
   2. 现代人看来,平常和自然是拉链最大的优点。   (   )
   3. 传统连接方式省时省力,而且靠得住。   (   )
   4. 拉链在世界发明史上的地位无需怀疑。   (   )
   5. 拉链第一次与世人见面是在芝加哥世界博览会上。(   )
   6. 拉链发明约20年后,瑞典人森德巴克对它进行了改造。(   )
   7. 改造后的拉链和今天的拉链差不多了。   (   )

三、根据第四段内容,选择正确答案:
   1. A. 拉链出现过意外   B. 人们不愿被取笑
      C. 女性胆子都太小   D. 衣服没有人试穿

   2. A. 扣子引发了事故   B. 飞机质量有问题
      C. 飞行员技术不高   D. 衣服没有缝拉链

   3. A. 缝制拉链   B. 试穿军装
      C. 大力宣传   D. 缝制军装

四、根据第五段内容,选择正确答案:
   1. A. 人身上   B. 裤子上
      C. 衣服上   D. 钱包上

   2. A. 拉链品种越来越多   B. 拉链还可以治胃病
      C. 许多行业都用拉链   D. 金属的塑料的都有

五、听录音,选词填空:
   1. 1893年前后,美国工程师惠特科姆·贾德森发明了一种全新的(   )方式。
      A. 廉洁   B. 连接   C. 联系

2. 多少年来,人们习惯了用扣子系衣服,用带子拴鞋。这些连接方式都不是完全封闭的,而且费时费力,也不牢固。拉链克服了这些缺点,在发明史上无疑是一个重大(　　)。
   A. 突破　　　　　B. 读破　　　　　C. 土货

3. 森德巴克抓住了这一时机,立刻与有关军事部门联系,建议缝制带有拉链的新军装。(　　)结果,这种军装大受欢迎。
   A. 使用　　　　　B. 实用　　　　　C. 试用

4. 以后,拉链的品种(　　)不穷,使用的材料除了金属还增加了塑料,用途也越来越广泛。
   A. 曾出　　　　　B. 层出　　　　　C. 增出

第十五课　小人书大热门

词语链

1. 回答问题：

    (1) 这段话的主要内容是什么？

    (2) 用你自己的话说说什么是收藏？

    (3) "中国自古就有收藏的传统"中的"自古"是什么意思？文中还出现了什么带"古"的词，你注意到了吗？

    (4) 文中把喜欢收藏的人称为什么？

2. 回答问题：

    (1) _____

    (2) 女的觉得最珍贵的一张糖纸有什么特别之处？

    (3) 女的觉得以前的糖纸和现在的有什么不同？

    (4) _____　_____
    (5) _____

3. 回答问题：
    "阅"是什么意思？

4. 回答问题：

(1) 用自己的话说说,收藏品的价值和什么有关系。

(2) _____

5. 回答问题：

(1) 这段话的主要内容是什么？

(2) 文中提到的出版社叫什么名字？

(3) 这家出版社是哪一年成立的？文中没用"成立",用的是什么词？

(4) _____

（一）

生　词

1. 难处　　（动）　　nánchǔ
   不容易在一起工作、交往、生活。(难:难得,难过,难免,难说,难忘;处:相处)

2. 相处　　（动）　　xiāngchǔ
   互相对待,彼此交往。(相:相爱,相等,相反,相仿,相符,相干,相依为命;处:难处)

根据录音内容选择正确答案：

1. A. 外地人对北京人的感受　　B. 北京人生活有很多规矩
   C. 北京人问路为什么生气　　D. 在北京谈话态度很重要

2. A. 太客气 B. 难交往
C. 规矩大 D. 爱生气

（二）

生 词

1. 色盲　　（名）　　sèmáng
   眼睛不能分辨颜色的病。(色：色彩，颜色，彩色，古色古香，五颜六色，五光十色；盲：盲人，盲文，盲人摸象，雪盲，夜盲)

2. 墨镜　　（名）　　mòjìng
   镜片是黑色或深绿色、茶色的眼镜。(镜：望远镜，显微镜)

专 名

东单　　　　　　　Dōngdān

练 习

根据录音内容选择正确答案：

1. A. 小伙子话里没称呼 B. 小伙子指的路不对
   C. 小伙子说话太简单 D. 小伙子的话不礼貌

2. A. 很生气 B. 很同情
   C. 很意外 D. 无所谓

3. A. 说话太客气 B. 不会说谢谢
   C. 只尊重自己 D. 说话没规矩

4. A. 他儿子不是色盲 B. 还是不戴墨镜好
   C. 看问题不要有偏见 D. 阴天才可以戴墨镜

5. A. 说话不好听问不到路　　　B. 给别人瞎指道儿不道德
   C. 尊重别人也是尊重自己　　D. 问不到路的人都很可怜

小人书大热门

生　词

1. **眼力**　　　（名）　　yǎnlì
   辨别是非、好坏的能力。(眼:眼色,瞪眼,另眼相看;力:财力,吃力,尽力,脑力,体力,听力,资力,记忆力,战斗力,生产力,精疲力竭)

2. **样式**　　　（名）　　yàngshì
   样子、形式。(样:花样,模样,式样,照样,装样,装模作样;式:式样,旧式,老式,款式,西式,中式,形式)

3. **手法**　　　（名）　　shǒufǎ
   指艺术品或文学作品的技巧。

4. **舶来品**　　（名）　　bóláipǐn
   进口的货物。

5. **逼真**　　　（形）　　bīzhēn
   非常像真的。(逼:逼近;真:以假乱真,千真万确,弄假成真)

6. **睹**　　　　（动）　　dǔ
   看。(睹:亲眼目睹)

7. **市民**　　　（名）　　shìmín
   城市居民。(市:城市,市区,市内,市容;民:民穷财尽,国计民生)

8. **抢手货**　　（名）　　qiǎngshǒuhuò
   很畅销的、人们抢着买的东西。

9. **情有独钟**　（成）　　qíng yǒu dú zhōng
   感情专注于某一事物或人。

10. **钟情**　　　（动）　　zhōngqíng
    感情专注。

11. 版本　　　（名）　　bǎnběn
    同一部书由于编辑、传抄、排版或装订形式不同而产生的不同的本子。

12. 白描　　　（名）　　báimiáo
    中国画的一种画法,只用线条勾画,不上颜色。

13. 绘制　　　（动）　　huìzhì
    画。

14. 细腻　　　（形）　　xìnì
    非常细致。(细:细瓷,细致;腻:滑腻)

15. 典雅　　　（形）　　diǎnyǎ
    优美,不粗俗。(雅:雅观、雅兴、雅俗共赏、淡雅、幽雅、温文尔雅)

16. 简洁　　　（形）　　jiǎnjié
    简明,没有多余的东西。(简:简单,简短,简历,简明,简写,简装,精简)

 专　名

1. 鸦片战争　　　　　Yāpiàn Zhànzhēng
2. 《申报》　　　　　Shēn Bào
3. 《西游记》　　　　Xīyóujì
4. 上海世界书局　　　Shànghǎi Shìjiè Shūjú
5. 沪　　　　　　　　Hù
6. 《三国志》　　　　Sānguó Zhì
7. 《水浒》　　　　　Shuǐhǔ

注:

❶ 世界书局:1921年成立,1950年春停业。出版书籍涉及哲学、社会科学、科学技术、丛书、工具书、文艺、美术类。
❷ "文革"即"文化大革命"。

练 习

一、听全文,选择正确答案:
本文的主要内容是什么?
A. 小人书的收藏价值
B. 中国人喜欢收藏
C. 收藏在中国很有传统

二、根据第一段内容,判断正误:
1. 收藏家们开始收藏邮票、旧报纸,后来就收藏古钱币、字画、小人书。 (   )
2. 中国现在有十多万人从事收藏。 (   )
3. 现在的人把连环画叫小人书。 (   )
4. 中国私人收藏的历史很长。 (   )
5. 中国历史上曾出现过收藏热。 (   )

三、根据第二、三、四段内容,判断正误:
1. 新式连环画不是中国土生土长的东西。 (   )
2. "新式连环画"都是鸦片战争后进口的。 (   )
3. 中国最早的连环画是在上海的《申报》上发表的。 (   )
4. 新式连环画一问世就很受欢迎。 (   )
5. 1925年连环画《西游记》出版。 (   )
6. 《西游记》画得也好,文字也好,人们都抢着看。 (   )
7. 小人书这个名字是在美术界传开的。 (   )
8. 世界书局出了不少小人书。 (   )
9. 《三国志》、《水浒》也是收藏者的最爱。 (   )

四、根据第五段内容,判断正误:
1. 解放后,中国少年儿童除了小人书,什么也不看。 (   )
2. 现在的中年人就是看着连环画长大的。 (   )
3. 小人书故事性强,知识丰富有趣。 (   )

4. 人们都是先看小人书,后看名著。（　　）
5. 1950年到文革,中国出版小人书一万多册。（　　）
6. 1950年到文革,中国出版小人书七亿多册。（　　）

五、根据第六、七、八、九段内容,判断正误：
1. 收藏家都喜欢旧版连环画。（　　）
2. 1979年以前出版的连环画是旧版连环画。（　　）
3. "名著本"仅限于中国古典名著改编的小人书。（　　）
4. 不管哪家出版社,不管什么版本的旧版连环画,价值都一样。（　　）
5. 各家出版社的连环画质量不一样。（　　）
6. 存世量也决定其收藏价值。（　　）
7. 中国传统白描手法绘制的连环画收藏价值最高。（　　）
8. 中国传统白描手法也是舶来品。（　　）

六、根据第六、七、八、九段内容,我们绘制了与收藏价值相关的评价图表(见表一),从表中我们可以知道,满足了什么条件的连环画是最受收藏者欢迎的。表二是一些连环画收藏品,表的最后一项是对其收藏价值的先后排序,请参考表一说一说,你同意这样排吗,道理是什么？

表一

条件	价值	价值	条件	价值	价值
1979年前出版	+		存世量多		−
1979年后出版		−	存世量少	+	
中国古典本	+		中国传统白描手法绘制	+	
普通名著本		−	其他手法绘制		−
有名的老出版单位	+				
一般出版单位		−			

(注:+ 表示收藏价值高,− 表示相比之下收藏价值低)

表二

书名或题材	出版年代	出版单位	绘画手法（色彩情况）	存世量	收藏价值排序
《三国志》	1995	北京某出版社	彩色	多	④
《水浒》	不详	世界书局	传统白描	极少	①
外国名著改编	1970	不详	传统白描	有限	③
外国名著改编	不详	世界书局	传统白描	极少	②
《西游记》	1985	不详	彩色	多	⑤

生 词 总 表

A

爱卿	（名）	àiqīng	9
暗示	（动）	ànshì	8
袄	（名）	ǎo	5

B

B超	（名）	B chāo	4
白领	（名）	báilǐng	6
白描	（名）	báimiáo	15
白血病	（名）	báixuèbìng	12
版本	（名）	bǎnběn	15
包裹	（动）	bāoguǒ	4
包治百病		bāo zhì bǎi bìng	4
抱负	（名）	bàofù	10
卑贱	（形）	bēijiàn	11
悲愤	（形）	bēifèn	8
备感		bèi gǎn	13
奔波	（动）	bēnbō	3
本分	（形）	běnfèn	9
逼真	（形）	bīzhēn	15
鼻腔	（名）	bíqiāng	4
鼻塞		bí sāi	4
鼻涕	（名）	bítì	4
比比皆是	（成）	bǐbǐ jiēshì	6
比喻	（名）	bǐyù	1
陛下	（名）	bìxià	9

标新立异	（成）	biāo xīn lì yì	14
病毒	（名）	bìngdú	4
舶来品	（名）	bóláipǐn	15
博客	（名）	bókè	14
博览会	（名）	bólǎnhuì	14
补贴	（动）	bǔtiē	3
不妨	（副）	bùfáng	1
不公	（形）	bùgōng	3
不及	（动）	bùjí	9
不可思议	（成）	bù kě sīyì	3
不容	（动）	bùróng	13
不外乎		búwàihū	10
不惜	（动）	bùxī	6
不言自明		bù yán zì míng	11
不厌其烦		búyàn qí fán	13
不遗余力	（成）	bù yí yú lì	5
不择手段	（成）	bù zé shǒuduàn	6
不知不觉		bù zhī bù jué	11

不做亏心事，半夜敲门心不惊
　　bú zuò kuīxīn shì, bànyè qiāo mén xīn bù jīng　　9

C

CT	（名）	CT	4
才华	（名）	cáihuá	13
才智	（名）	cáizhì	14
采纳	（动）	cǎinà	10
菜篮子供应体系		càilánzi gōngyìng tǐxì	5
菜谱	（名）	càipǔ	9
参见	（动）	cānjiàn	9
操练	（动）	cāoliàn	9
草纸	（名）	cǎozhǐ	12
层出不穷	（成）	céng chū bù qióng	11

差距	(名)	chājù	3
茬儿	(量)	chár	4
产业工人		chǎnyè gōngrén	3
朝见	(动)	cháojiàn	9
炒作	(动)	chǎozuò	14
臣	(名)	chén	9
吃闭门羹		chī bìméngēng	14
吃苦耐劳		chī kǔ nài láo	5
持续	(动)	chíxù	13
斥责	(动)	chìzé	9
重蹈覆辙	(成)	chóng dǎo fù zhé	9
崇尚	(动)	chóngshàng	3
出岔子		chū chàzi	10
出色	(形)	chūsè	14
出巡	(动)	chūxún	9
除旧布新	(成)	chú jiù bù xīn	11
厨师	(名)	chúshī	9
储存	(动)	chǔcún	1
触目惊心	(成)	chù mù jīng xīn	13
憷	(动)	chù	4
辞	(动)	cí	12
辞书	(名)	císhū	11
磁铁	(名)	cítiě	2
次序	(名)	cìxù	8
从长计议	(成)	cóng cháng jì yì	2
从容不迫	(成)	cóngróng bú pò	9

D

答理	(动)	dāli	8
打动	(动)	dǎdòng	5
打喷嚏		dǎ pēnti	4
打拼	(动)	dǎpīn	8

大本文凭		dàběn wénpíng	6
大病初愈		dà bìng chū yù	9
大惊失色		dà jīng shī sè	12
大人	(名)	dàrén	9
胆识	(名)	dǎnshí	10
但求		dànqiú	7
弹丸之地	(成)	dànwán zhī dì	5
当务之急	(成)	dāng wù zhī jí	2
档次	(名)	dàngcì	5
得宠		dé chǒng	10
得黄山之灵秀		dé Huáng Shān zhī língxiù	5
得势		dé shì	10
低俗	(形)	dīsú	14
低下	(形)	dīxià	11
底线	(名)	dǐxiàn	14
抵抗力	(名)	dǐkànglì	4
递增	(动)	dìzēng	13
典雅	(形)	diǎnyǎ	15
顶嘴		dǐng zuǐ	8
东窗事发	(成)	dōngchuāng shìfā	2
动听	(形)	dòngtīng	14
冻土	(名)	dòngtǔ	13
兜儿	(名)	dōur	1
斗胆	(副)	dǒudǎn	14
睹	(动)	dǔ	15
对抗	(动)	duìkàng	4
对口	(形)	duìkǒu	7
多多益善	(成)	duō duō yì shàn	4
多元化	(名)	duōyuánhuà	11

E

阿谀奉承		ēyú fèngchéng	10

恶性	(名)	èxìng	14
而后	(连)	érhòu	3

F

法不责众		fǎ bù zé zhòng	12
法规	(名)	fǎguī	12
反省	(动)	fǎnxǐng	9
方圆	(名)	fāngyuán	6
防污坝	(名)	fángwūbà	12
丰厚	(形)	fēnghòu	6
风度	(名)	fēngdù	9
风风雨雨		fēngfēng yǔyǔ	5
风韵	(名)	fēngyùn	13
封闭	(动)	fēngbì	14
封存	(动)	fēngcún	2
奉献	(动)	fèngxiàn	7
夫权	(名)	fūquán	11
扶贫	(动)	fúpín	11
浮动起		fúdòngqǐ	3
福气	(名)	fúqi	10
付出	(动)	fùchū	3
赴	(动)	fù	12
副作用	(名)	fùzuòyòng	4
赋有	(动)	fùyǒu	11

G

甘心	(动)	gānxīn	5
敢情	(副)	gǎnqing	10
感慨	(动)	gǎnkǎi	9
刚强	(形)	gāngqiáng	11
高考	(名)	gāokǎo	2
稿费	(名)	gǎofèi	12

告倒	（动）	gàodǎo	12
各有千秋	（成）	gè yǒu qiānqiū	4
根基	（名）	gēnjī	11
根深蒂固	（成）	gēn shēn dì gù	7
公务员	（名）	gōngwùyuán	7
公主	（名）	gōngzhǔ	8
攻读	（动）	gōngdú	12
构想	（名）	gòuxiǎng	14
顾及	（动）	gùjí	6
关节炎	（名）	guānjiéyán	10
观	（名）	guān	2
官司	（名）	guānsi	12
官员	（名）	guānyuán	9
光合作用		guānghé zuòyòng	7
光宗耀祖	（成）	guāng zōng yào zǔ	5
闺女	（名）	guīnü	2
过于	（副）	guòyú	3

H

海滩	（名）	hǎitān	3
憨厚	（形）	hānhòu	3
航运	（名）	hángyùn	3
呵护	（动）	hēhù	14
合乎	（动）	héhū	2
核心	（名）	héxīn	4
恨铁不成钢		hèn tiě bù chéng gāng	2
红灯	（名）	hóngdēng	1
红极一时		hóng jí yì shí	5
宏丽	（形）	hónglì	9
洪涝灾害		hónglào zāihài	13
哄	（动）	hǒng	3
后路	（名）	hòulù	6

厚道	（形）	hòudào	14
哗然	（形）	huárán	6
化妆		huà zhuāng	4
皇亲国戚		huáng qīn guó qī	8
徽商	（名）	Huī shāng	5
回收	（动）	huíshōu	12
绘制	（动）	huìzhì	15
诲人不倦	（成）	huì rén bú juàn	14
混战	（动）	hùnzhàn	9
火暴	（形）	huǒbào	5
豁然开朗		huòrán kāilǎng	14

J

奇偶		jī ǒu	11
机毁人亡		jī huǐ rén wáng	14
汲取	（动）	jíqǔ	14
几经	（动）	jǐjīng	11
忌讳	（动）	jìhuì	2
夹克衫	（名）	jiākèshān	1
家用	（名）	jiāyòng	3
奸	（形）	jiān	10
减缓	（动）	jiǎnhuǎn	13
简洁	（形）	jiǎnjié	15
简朴	（形）	jiǎnpǔ	6
见仁见智	（成）	jiàn rén jiàn zhì	6
建功立业		jiàn gōng lì yè	10
践踏	（动）	jiàntà	6
交界处	（名）	jiāojièchù	12
浇灌	（动）	jiāoguàn	10
较真儿	（形）	jiàozhēnr	14
拮据	（形）	jiéjū	7
结识	（动）	jiéshí	3

戒指	（名）	jièzhi	3
借机		jiè jī	14
津津有味	（成）	jīnjīn yǒu wèi	6
禁不住	（动）	jīnbuzhù	13
精华	（名）	jīnghuá	9
精巧	（形）	jīngqiǎo	5
景气	（形）	jǐngqì	5
境界	（名）	jìngjiè	13
纠纷	（名）	jiūfēn	12
居安思危	（成）	jū ān sī wēi	7
惧	（动）	jù	9
决策	（名）	juécè	10
倔强	（形）	juéjiàng	8
君权	（名）	jūnquán	11
君子	（名）	jūnzǐ	9

K

开裂	（动）	kāiliè	14
堪称		kānchēng	5
慷慨解囊		kāngkǎi jiě náng	5
可取	（形）	kěqǔ	2
客户	（名）	kèhù	8
啃	（动）	kěn	3
空难	（名）	kōngnàn	14
空隙	（名）	kòngxì	2
口诛笔伐	（成）	kǒu zhū bǐ fá	6
挎	（动）	kuà	10
宽泛	（形）	kuānfàn	6
宽容	（形）	kuānróng	7
愧疚	（形）	kuìjiù	8
困惑	（形）	kùnhuò	14
困扰	（动）	kùnrǎo	10

L

拉链	（名）	lāliàn	14
滥	（形）	làn	3
浪迹天涯	（成）	làngjì tiānyá	5
劳作	（动）	láozuò	14
老公	（名）	lǎogōng	8
老祖宗	（名）	lǎozǔzong	9
冷清	（形）	lěngqīng	5
礼法森严		lǐfǎ sēnyán	10
礼仪	（名）	lǐyí	3
历朝历代		lìcháo lìdài	5
联想	（动）	liánxiǎng	1
亮相		liàng xiàng	14
列举	（动）	lièjǔ	12
玲珑	（形）	línglóng	5
凌晨	（名）	língchén	7
零花钱	（名）	línghuāqián	8
炉火纯青	（成）	lú huǒ chún qīng	9
露宿	（动）	lùsù	9
屡见不鲜	（成）	lǚ jiàn bù xiān	14
落榜		luò bǎng	2
落水		luò shuǐ	1

M

满腔	（动）	mǎnqiāng	3
谩骂	（动）	mànmà	14
盲肠炎	（名）	mángchángyán	4
冒死进言		mào sǐ jìn yán	10
貌	（名）	mào	13
没戏		méi xì	2
眉宇间		méiyǔ jiān	3
媒体	（名）	méitǐ	7

美味佳肴	（名）	měiwèi jiāyáo	6
梦寐以求	（成）	mèngmèi yǐ qiú	10
弥补	（动）	míbǔ	2
免疫系统		miǎnyì xìtǒng	4
描述	（动）	miáoshù	9
民夫	（名）	mínfū	9
民居	（名）	mínjū	5
民以食为天	（成）	mín yǐ shí wéi tiān	5
明儿	（名）	míngr	4
明智	（形）	míngzhì	12
铭心刻骨	（成）	míng xīn kè gǔ	10
模式	（名）	móshì	5
摩擦	（动）	mócā	9
墨镜	（名）	mòjìng	15

N

乃至	（连）	nǎizhì	6
难处	（动）	nánchù	15
泥巴	（名）	níbā	3
逆转	（动）	nìzhuǎn	13
念叨	（动）	niàndao	2
酿造	（动）	niàngzào	13
宁愿	（连）	nìngyuàn	7

P

拍马	（动）	pāimǎ	10
排他性	（名）	páitāxìng	2
庞大	（形）	pángdà	13
培训	（动）	péixùn	7
配偶	（名）	pèi'ǒu	7
癖好	（名）	pǐhào	2
偏爱	（动）	piān'ài	3

品	（动）	pǐn	9
品位	（名）	pǐnwèi	5
平	（动）	píng	9
评书	（名）	píngshū	10
颇	（副）	pō	2

Q

欺诈	（动）	qīzhà	14
乞丐	（名）	qǐgài	6
起码	（形）	qǐmǎ	2
气息	（名）	qìxī	13
恰到好处		qià dào hǎochù	2
千古绝唱	（成）	qiāngǔ juéchàng	5
谦和	（形）	qiānhé	7
前景	（名）	qiánjǐng	13
前提	（名）	qiántí	2
强制	（动）	qiángzhì	14
抢手货	（名）	qiǎngshǒuhuò	15
窃贼	（名）	qièzéi	2
青出于蓝而胜于蓝	（成）	qīng chūyú lán ér shèngyú lán	9
倾国倾城	（成）	qīng guó qīng chéng	13
倾斜政策		qīngxié zhèngcè	3
清明	（形）	qīngmíng	10
蜻蜓	（名）	qīngtíng	1
情趣	（名）	qíngqù	13
情有独钟	（成）	qíng yǒu dú zhōng	15
屈指可数	（成）	qū zhǐ kě shǔ	11
趋势	（名）	qūshì	13
取而代之	（成）	qǔ ér dài zhī	4
取决	（动）	qǔjué	6
权威	（动）	quánwēi	12

R

热血沸腾		rèxuè fèiténg	3
人才辈出	（成）	réncái bèi chū	5
人格	（名）	réngé	2
人工	（名）	réngōng	9
人事	（名）	rénshì	11
任凭	（动）	rènpíng	3
日光	（名）	rìguāng	11
容忍	（动）	róngrěn	8
融化	（动）	rónghuà	13
柔情似水		róuqíng sì shuǐ	3
儒学	（名）	rúxué	11
锐意进取		ruìyì jìnqǔ	5

S

撒谎		sā huǎng	8
三天两头		sāntiān liǎngtóu	3
散装	（动）	sǎnzhuāng	12
散发	（动）	sànfā	4
色盲	（名）	sèmáng	15
善良	（形）	shànliáng	9
奢侈	（形）	shēchǐ	9
神效	（名）	shénxiào	4
神韵	（名）	shényùn	13
生命力	（名）	shēngmìnglì	11
生怕	（动）	shēngpà	3
生态	（名）	shēngtài	6
盛极一时		shèng jí yì shí	5
时过境迁		shí guò jìng qiān	5
食不果腹	（成）	shí bù guǒ fù	6
世间	（名）	shìjiān	2
市民	（名）	shìmín	15

事理	（名）	shìlǐ	10
适中	（形）	shìzhōng	9
收敛	（动）	shōuliǎn	8
手法	（名）	shǒufǎ	15
受罪		shòu zuì	10
恕罪	（动）	shùzuì	9
水落石出	（成）	shuǐ luò shí chū	2
税捐	（名）	shuìjuān	9
顺眼	（形）	shùnyǎn	11
说辞	（名）	shuōcí	2
松弛	（形）	sōngchí	3
肃然起敬		sùrán qǐjìng	6
素	（副）	sù	13
塑料膜	（名）	sùliàomó	12
随着	（介）	suízhe	2
索取	（动）	suǒqǔ	8

T

台灯	（名）	táidēng	7
贪赃枉法		tān zāng wǎng fǎ	10
摊商	（名）	tānshāng	1
坦言	（动）	tǎnyán	7
探亲		tàn qīn	12
探寻	（动）	tànxún	3
糖尿病	（名）	tángniàobìng	12
淌	（动）	tǎng	3
特立独行	（成）	tè lì dú xíng	14
忒	（副）	tēi	8
疼爱	（动）	téng'ài	3
腾腾		téngténg	3
题材	（名）	tícái	10
天地	（名）	tiāndì	2

天经地义	（成）	tiān jīng dì yì	11
天壤之别		tiān rǎng zhī bié	6
天生丽质		tiānshēng lìzhì	13
调治	（动）	tiáozhì	4
笤帚	（名）	tiáozhou	8
挑战	（动）	tiǎozhàn	13
铁匠	（名）	tiějiàng	9
听之任之	（成）	tīng zhī rèn zhī	11
通俗	（形）	tōngsú	6
同室操戈	（成）	tóng shì cāo gē	12
同行	（动）	tóngxíng	12
偷窃	（动）	tōuqiè	2
头疼医头,脚疼医脚		tóu téng yī tóu, jiǎo téng yī jiǎo	4
透彻	（形）	tòuchè	2
推而广之		tuī ér guǎng zhī	1
推敲	（动）	tuīqiāo	9
推算	（动）	tuīsuàn	13
退居二线		tuì jū èr xiàn	7
唾沫星子	（名）	tuòmoxīngzi	8

W

挖掘	（动）	wājué	13
瓦蓝	（形）	wǎlán	12
完美	（形）	wánměi	9
玩意儿	（名）	wányìr	9
惋惜	（形）	wǎnxī	3
亡国之君		wángguó zhī jūn	10
王婆卖瓜		Wángpó mài guā	4
为人		wéirén	7
唯物主义	（名）	wéiwù zhǔyì	11
委婉	（形）	wěiwǎn	8
温饱	（名）	wēnbǎo	7

温文尔雅	（成）	wēn wén ěr yǎ	3
卧室	（名）	wòshì	7
无独有偶	（成）	wú dú yǒu ǒu	6
无可厚非	（成）	wú kě hòu fēi	6
无知	（形）	wúzhī	12
毋庸讳言		wúyōng huìyán	14
五谷杂粮		wǔgǔ záliáng	6
捂	（动）	wǔ	8

X

蹊径	（名）	xījìng	5
席梦思	（名）	xímèngsī	6
席子	（名）	xízi	5
细腻	（形）	xìnì	15
瞎话	（名）	xiāhuà	8
显现	（动）	xiǎnxiàn	3
乡亲	（名）	xiāngqin	7
相处	（动）	xiāngchǔ	15
相干	（动）	xiānggān	2
相关	（动）	xiāngguān	11
相继	（副）	xiāngjì	12
相加		xiāng jiā	1
享乐	（动）	xiǎnglè	10
向往	（动）	xiàngwǎng	7
巷子	（名）	xiàngzi	5
消长	（动）	xiāozhǎng	11
销毁	（动）	xiāohuǐ	9
小人	（名）	xiǎorén	10
孝敬	（动）	xiàojìng	3
孝心	（名）	xiàoxīn	8
协调	（动）	xiétiáo	12
邪的		xié de	9

心慈手软		xīn cí shǒu ruǎn	7
心灵	(名)	xīnlíng	12
薪水	(名)	xīnshuǐ	7
兴许	(副)	xīngxǔ	6
行之有效		xíng zhī yǒuxiào	12
修订	(动)	xiūdìng	11
修养	(名)	xiūyǎng	9
虚拟	(形)	xūnǐ	14
虚无	(形)	xūwú	14
学徒		xué tú	5
旬	(名)	xún	6

Y

牙周炎	(名)	yázhōuyán	4
哑口无言	(成)	yǎ kǒu wú yán	8
延伸	(动)	yánshēn	11
严谨	(形)	yánjǐn	7
眼力	(名)	yǎnlì	15
演变	(动)	yǎnbiàn	5
洋房	(名)	yángfáng	6
养育	(动)	yǎngyù	13
样式	(名)	yàngshì	15
野马	(名)	yěmǎ	14
夜大	(名)	yèdà	6
夜光恐龙玩具		yèguāng kǒnglóng wánjù	12
一旦	(副)	yídàn	2
一度	(副)	yídù	12
一棍子打死		yígùnzi dǎsǐ	11
一技之长		yí jì zhī cháng	6
一棵树上吊死		yì kē shù shang diàosǐ	2
一连串	(形)	yìliánchuàn	5
一瘸一拐		yì qué yì guǎi	10

一丝不苟	（成）	yì sī bù gǒu	7
一阵子		yízhènzi	10
衣食父母		yīshí fùmǔ	13
衣锦还乡	（成）	yì jǐn huán xiāng	5
依赖	（动）	yīlài	4
以往	（名）	yǐwǎng	5
以心相许	（成）	yǐ xīn xiāng xǔ	2
役使	（动）	yìshǐ	9
意愿	（名）	yìyuàn	7
阴间	（名）	yīnjiān	11
音容笑貌		yīnróng xiàomào	14
殷实	（形）	yīnshí	3
引申	（动）	yǐnshēn	11
隐瞒	（动）	yǐnmán	2
隐私	（名）	yǐnsī	2
印次	（名）	yìncì	11
营造	（动）	yíngzào	5
影视剧	（名）	yǐngshìjù	10
应运而生	（成）	yìng yùn ér shēng	5
庸俗	（形）	yōngsú	7
用作		yòng zuò	1
忧国忧民		yōu guó yōu mín	7
悠闲	（形）	yōuxián	3
犹如	（动）	yóurú	9
邮政	（名）	yóuzhèng	8
有甚于		yǒushènyú	9
有幸	（形）	yǒuxìng	3
幼小	（形）	yòuxiǎo	12
诱发	（动）	yòufā	12
诱惑	（动）	yòuhuò	6
诱人	（形）	yòurén	5
渔夫	（名）	yúfū	3

舆论	（名）	yúlùn	6
愉悦	（形）	yúyuè	2
予以	（动）	yǔyǐ	9
育种基地		yù zhǒng jīdì	7
欲		yù	2
欲望	（名）	yùwàng	6
园丁	（名）	yuándīng	14
远走他乡		yuǎn zǒu tāxiāng	5
越描越黑		yuè miáo yuè hēi	2
蕴涵	（动）	yùnhán	14

Z

在乎	（动）	zàihu	2
暂且	（副）	zànqiě	2
噪音	（名）	zàoyīn	12
憎恶	（动）	zēngwù	2
宅院	（名）	zháiyuàn	5
站着说话不腰疼,饱汉子不知饿汉子饥		zhànzhe shuōhuà bù yāo téng, bǎo hànzi bù zhī è hànzi jī	8
章法	（名）	zhāngfǎ	9
折腾	（动）	zhēteng	9
折叠	（动）	zhédié	5
褶	（名）	zhě	13
诊脉(号脉)		zhěn mài(hào mài)	4
朕	（代）	zhèn	9
震惊	（动）	zhènjīng	14
争鸣		zhēngmíng	14
征召	（动）	zhēngzhào	9
正派	（形）	zhèngpài	14
正直	（形）	zhèngzhí	7
支柱	（名）	zhīzhù	7
知晓	（动）	zhīxiǎo	2

职场		zhíchǎng	7
纸篓	(名)	zhǐlǒu	12
指数	(名)	zhǐshù	6
至高无上		zhìgāo wú shàng	9
志气	(名)	zhìqi	6
质问	(动)	zhìwèn	12
质疑	(动)	zhìyí	6
滞后	(动)	zhìhòu	13
中西合璧	(成)	zhōng xī hé bì	11
中叶		zhōngyè	5
忠	(形)	zhōng	10
钟情	(动)	zhōngqíng	15
重金属	(名)	zhòngjīnshǔ	12
周详	(形)	zhōuxiáng	9
皱眉		zhòu méi	9
逐年	(副)	zhúnián	13
主力军	(名)	zhǔlìjūn	7
专栏	(名)	zhuānlán	12
追寻	(动)	zhuīxún	12
追踪	(动)	zhuīzōng	12
着落	(名)	zhuóluò	2
咨询	(动)	zīxún	7
资讯	(名)	zīxùn	14
资助	(动)	zīzhù	7
字义	(名)	zìyì	1
自留地	(名)	zìliúdì	2
自律	(动)	zìlǜ	14
自行	(副)	zìxíng	14
揍	(动)	zòu	8
组合	(动)	zǔhé	1
钻牛角尖		zuān niújiǎojiān	14
醉翁之意不在"吃"		zuì wēng zhī yì bú zài "chī"	5

尊贵 （形）	zūnguì	11

专 名

A

奥地利	Àodìlì	14

B

北京	Běijīng	9
北京吉普汽车有限公司	Běijīng Jípǔ Qìchē Yǒuxiàn Gōngsī	3
北京汽车厂	Běijīng Qìchēchǎng	3
北京汽车摩托车有限公司	Běijīng Qìchē Mótuōchē Yǒuxiàn Gōngsī	3
北宋	Běi Sòng	5

C

沧州	Cāngzhōu	12
晁无疾	Cháo Wújí	10
川	Chuān	9

D

德国	Déguó	12
德州	Dézhōu	12
东单	Dōngdān	15
东京	Dōngjīng	9
董仲舒	Dǒng Zhòngshū	11
窦庄子村	Dòuzhuāngzi Cūn	12
杜甫	Dù Fǔ	10

G

广州	Guǎngzhōu	9

H

哈尔滨	Hā'ěrbīn	13
哈宝禄	Hǎ Bǎolù	3
哈斌	Hǎ Bīn	3
哈军	Hǎ Jūn	3
海河	Hǎi Hé	12
汉代	Hàn Dài	11
河北	Héběi	12
河南	Hénán	12
沪	Hù	15
淮	Huái	9
淮河	Huái Hé	12
黄河	Huáng Hé	13
惠特科姆·贾德森	Huìtèkēmǔ Jiǎdésēn	14

J

济南	Jǐnán	7
《健康报》	Jiànkāng Bào	4

K

孔子	Kǒngzǐ	9

L

李白	Lǐ Bái	10
李滨	Lǐ Bīn	7
李皓	Lǐ Hào	12
李世民	Lǐ Shìmín	9
李振声	Lǐ Zhènshēng	7
联合国	Liánhéguó	13

梁从诫	Liáng Cóngjiè	6
聊城	Liáochéng	12
鲁	Lǔ	9
洛阳	Luòyáng	9
《论语》	Lúnyǔ	9

M

明清	Míng Qīng	5

N

纽约	Niǔyuē	9

O

欧洲	Ōuzhōu	14

Q

钱二凡	Qián Èrfán	7
青藏铁路	Qīng Zàng tiělù	13
清代	Qīngdài	5
秋云	Qiūyún	4
屈原	Qū Yuán	10

R

瑞典	Ruìdiǎn	14

S

《三国志》	Sānguó Zhì	15
森德巴克	Sēndébākè	14
山西	Shānxī	12
上海	Shànghǎi	9
上海世界书局	Shànghǎi Shìjiè Shūjú	15
《申报》	Shēn Bào	15

《水浒》	Shuǐhǔ	15
宋代	Sòngdài	5
隋朝	Suí Cháo	9
隋炀帝	Suí Yángdì	9
孙三凡	Sūn Sānfán	7

T

泰国	Tàiguó	6
唐代	Tángdài	5
唐太宗	Táng Tàizōng	9

W

魏徵	Wèi Zhēng	9

X

西递村	Xīdì Cūn	5
《西游记》	Xīyóujì	15
夏桀	Xià Jié	9
夏威夷	Xiàwēiyí	3
《现代汉语词典》	Xiàndài Hànyǔ Cídiǎn	11
新加坡	Xīnjiāpō	6

Y

鸦片战争	Yāpiàn Zhànzhēng	15
殷纣	Yīn Zhòu	9
印度	Yìndù	6
英壮	Yīng Zhuàng	8
粤	Yuè	9
越南	Yuènán	6

Z

赵一凡	Zhào Yīfán	7

芝加哥	Zhījiāgē	14
《中国妇女》	Zhōngguó Fùnǚ	12
《中国青年》	Zhōngguó Qīngnián	12
《中国少年报》	Zhōngguó Shàonián Bào	12
《中国消费者报》	Zhōngguó Xiāofèizhě Bào	12